JN071621

令和6年1月以降の法令に対応

暦年課税・相続時精算課税制度を活用した生前贈与対策Q&A

渡邉 正則 著

税務研究会出版局

また、相続時精算課税か暦年課税か判断に迷うようなケースでは、先ずは暦年課税からスタートし、その後検討を重ねた方が良いように思います。相続時精算課税制度は、一旦選択すると後戻りできない（暦年課税に戻れない）ためです。

　今後、相続時精算課税制度の適用者は増加するものと思われ、更に暦年贈与の「生前贈与加算」が3年から7年加算になったことから、過去の贈与についてより正確に把握することが必要かと思われます。

　実際、最近の税務調査でも相続時精算課税贈与の申告漏れが頻繁に指摘されています。確認方法としては、開示請求や閲覧サービスの利用も考えられますし、仮に利用しない場合でも、申告書を作成する税理士としては無用なトラブルを避けるため、最低でも相続人に贈与の有無を確認する必要があると思います。

　相続時精算課税や暦年課税と他の特例制度（住宅取得等資金の贈与特例、教育資金の贈与特例制度等）との関係も注意が必要です。特に、税務対策を行う上では、どこまで相続財産に加算され、どこまでは加算されないかの確認は必要となります。

　本書は、税制改正のポイントをはじめ各贈与のシミュレーションとその効果、相続時精算課税制度の活用方法、他の特例との関係等をできるだけ分かりやすくQ&A形式でまとめたものです。

　内容的には、まだまだ未成熟、不備な面もあるかと思いますが、贈与を検討・実行する上で多少なりともお役に立てれば望外の幸せです。

　末筆ではありますが、本書を出版する機会を与えてくださいました税務研究会の皆様に衷心より感謝申し上げます。

令和6年6月

税理士・中小企業診断士・CFP

渡邉　正則

は し が き

　令和５年度の税制改正（施行は令和６年）で、贈与税・相?
が大きく変わりました。

　従来、相続時精算課税制度を選択した場合には、暦年課税の?
受けられる110万円の基礎控除が受けられませんでしたが、上?
により相続時精算課税制度についても110万円の基礎控除が?
110万円以下の贈与であれば相続時精算課税制度を選択してい?
も贈与税申告が不要となりました。

　そして、相続税の計算においても相続時精算課税を適用し?
以下の贈与については相続財産に加算する必要はなくなりまし?

　一方、相続又は遺贈により財産を取得した方が、その相続開?
相続人から暦年課税で贈与を受けた場合の加算（いわゆる「生?
算」）の対象期間が３年から７年に延長されました。

　なお、実際に３年を超えて「生前贈与加算」がされるのは、?
１月２日以後の相続からです。そのため、申告実務の面からはし?
は３年加算のままです（勿論、事前対策を立てる場合はそれ以前?
慮する必要はありますが…。）

　これらの改正の内容が税制改正大綱で明らかになった後、相続?
課税と暦年課税との選択をどのようにしたら良いかとの相談が増?
ます。

　一概にどちらが有利とは言えず、幾つもの前提を置いたうえで?
レーションをする必要があります。ただ、確実に言えるのは、相?
算課税制度を適用するにしても、暦年課税制度を適用するにして?
きるだけ早期に贈与を始めた方が効果が大きいということです。
７年以内の「生前贈与加算」が10年、それ以上、といったように延?
れる可能性もあり、早期からの贈与はより重要なことと思われます?

目　　次

第 1 章　暦年課税・相続時精算課税の概要

第 2 章　暦年課税・相続時精算課税の改正関係事例

第3章　相続時精算課税の改正前後の共通事例

第4章　暦年課税・相続時精算課税贈与と相続税（シミュレーション）

1　長期間（15年）の贈与のシミュレーション

第5章　相続時精算課税の活用法

第6章　各特例と相続時精算課税及び相続開始前7年加算の関係他

【凡例】
本書において使用した省略用語は次のとおりです。
　相法………相続税法
　相令………相続税法施行令
　相規………相続税法施行規則
　相基通……相続税法基本通達
　措法………租税特別措置法
　措令………租税特別措置法施行令
　措通………租税特別措置法（相続税法の特例関係）の取扱いについて（法
　　　　　　令解釈通達）
　通則法……国税通則法
　所法………所得税法
　改正法……所得税等の一部を改正する法律（令和5年法律第3号）

（用例）
措法70の2②四イ……租税特別措置法第70条の2第2項第4号イ

※本書の内容は原則として、令和6年4月1日現在の法令通達等に基づ
　いています。

第1章

暦年課税・相続時精算課税の概要

Q1-1　暦年課税及び相続時精算課税の概要（令和5年度税制改正以外）

　暦年課税及び相続時精算課税の違いについて概要を解説してください。

　また、相続開始前の贈与について相続財産に加算して相続税を計算することもありますが、その内容についても併せて解説してください。

A　贈与税の課税方法には、「暦年課税」と「相続時精算課税」の2つがあり、一定の要件に該当する場合に「相続時精算課税」を選択することができます。

　つまり、「暦年課税」が原則的な課税方法、「相続時精算課税」が特例的な課税方法と言えます。「暦年課税」については、適用するために特に手続きを要しませんが、「相続時精算課税」を適用するには、所轄税務署に相続時精算課税選択届出書の提出等、一定の手続きが必要です。

　なお、令和5年度税制改正(注)で、①相続開始前の暦年課税贈与についての相続財産への加算期間の延長（3年から7年に延長）、②相続時精算課税制度への基礎控除110万円の導入等が行われましたが、その内容については、**Q1-2**以降を参照ください。

　（注）　施行は令和6年1月1日以降です。

解説

1　暦年課税の概要

　暦年課税の場合、贈与税は、個人が1月1日から12月31日までの1年間に贈与を受けた財産の合計額(注)から基礎控除額の110万円を控除した

残額に対してかかります。

　したがって、１年間に贈与を受けた財産の合計額が110万円以下であれば贈与税はかかりません（この場合、贈与税の申告は不要です。）（相法21の２、21の５、21の７、措法70の２の４）。

（注）　複数の者から同年中に贈与を受けた場合、各贈与者から贈与を受けた財産を合計します。

　申告と納税は、財産の贈与を受けた年の翌年２月１日から３月15日の間に行うことになります。なお、申告期限・納期限（３月15日）が、土曜日、日曜日、祝日等の場合は、その翌日が期限となります。

〔計算例〕

※　父から500万円、母から300万円の贈与／子（受贈者）の年齢は19歳

①　贈与財産の価額……合計800万円

②　贈与税額の計算……（800万円－110万円）×30％－90万円＝117万円

（参考：速算表）

〇特例贈与財産用

区分	200万円以下	400万円以下	600万円以下	1,000万円以下	1,500万円以下	3,000万円以下	4,500万円以下	4,500万円超
特例税率	10％	15％	20％	30％	40％	45％	50％	55％
控除額	－	10万円	30万円	90万円	190万円	265万円	415万円	640万円

※　特例贈与財産用については、18歳以上の者が直系尊属から贈与を受けた場合に適用されます。なお、18歳以上かどうかは、贈与の年の１月１日現在で判断します。贈与時ではありませんので注意が必要です。

〇一般贈与財産用

区分	200万円以下	300万円以下	400万円以下	600万円以下	1,000万円以下	1,500万円以下	3,000万円以下	3,000万円超
一般税率	10％	15％	20％	30％	40％	45％	50％	55％
控除額	－	10万円	25万円	65万円	125万円	175万円	250万円	400万円

〔「特例税率」の適用を受ける場合の手続き〕

　「特例税率」の適用を受ける場合で、次の①又は②のいずれかに該当するときは、贈与税の申告書とともに、受贈者の戸籍の謄本又は抄本その他の書類でその人の氏名、生年月日及びその人が贈与者の直系卑属（子や孫など）に該当することを証する書類を提出する必要があります。

　ただし、過去の年分において同じ贈与者からの贈与について「特例税率」の適用を受けるために当該書類を提出している場合には、申告書第一表の「過去の贈与税の申告状況」欄に、その提出した年分及び税務署名を記入すれば、当該書類を重ねて提出する必要はありません。

① 「特例贈与財産」のみの贈与を受けた場合で、その財産の価額から基礎控除額（110万円）を差し引いた後の課税価格が300万円を超えるとき

② 「一般贈与財産」と「特例贈与財産」の両方の贈与を受けた場合で、その両方の財産の価額の合計額から基礎控除額（110万円）を差し引いた後の課税価格が300万円を超えるとき

2　暦年贈与の相続開始前３年以内の加算

　相続又は遺贈によって財産を取得した者がその相続の開始前３年以内に贈与を受けた場合は、贈与財産の価額がその者の相続税の課税価格に加算されます(注)。

　（注）　加算される贈与財産の価額から基礎控除は控除しません。

　なお、令和5年度税制改正による改正後の取扱いについては**Q1-2**を参照してください。

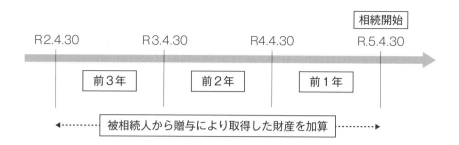

　この贈与財産価額の相続税の課税価格への加算がある場合には、その者の算出相続税額から、その贈与を受けた年分の贈与税額を控除します。

3　相続時精算課税の概要

　相続時精算課税は、贈与時に贈与財産に対する贈与税を納税し、その贈与者に相続が発生した時にその贈与財産の贈与時の価額と相続財産の価額とを合計した金額を基に計算した相続税額から、既に納税した贈与税相当額を控除することにより贈与税・相続税を通じた納税を行うものです。

　また、贈与税の計算の際には2,500万円の特別控除があり、贈与財産の価額の合計額から特別控除額2,500万円（複数年にわたり利用可能）を控除した後の金額に20%の税率（一律）を乗じて贈与税額を計算します（相法21の12、21の13）。

　なお、相続時精算課税の基礎控除110万円（令和6年1月1日以降）についてはQ1-4を参照してください。

相続時精算課税のイメージ（令和6年1月1日以降はQ1-4参照）

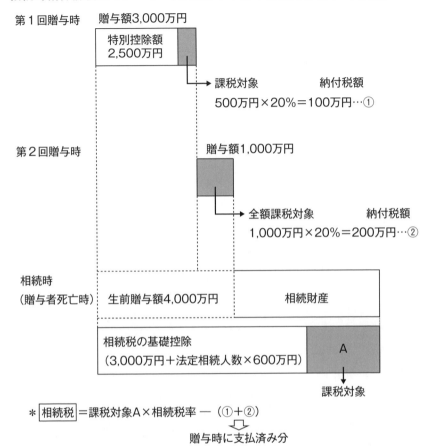

　相続時精算課税の場合、相続時精算課税を選択した贈与者ごとにその年の1月1日から12月31日までの1年間に贈与を受けた財産の価額の合計額から2,500万円の特別控除額を控除した残額に対して贈与税がかかります。

　なお、この特別控除額は贈与税の期限内申告書を提出する場合のみ控除することができます。前年以前にこの特別控除の適用を受けた金額がある場合には、2,500万円からその金額を控除した残額がその年の特別

控除限度額となります（相法21の９、21の11、21の12）。

〔贈与者、受贈者の要件〕

①　贈与者……贈与をした年の１月１日において60歳以上の者[注]

　　　　　　（注）　例外規定については、次ページ**参考**を参照。

②　受贈者……贈与を受けた時において贈与者の推定相続人（直系卑属）及び孫。なお、受贈者は贈与を受けた年の１月１日において18歳以上であることが必要（相法21の９①、措法70の２の６①）。

〔申告及び納税〕

　贈与税が発生する場合及び相続時精算課税を適用する場合には、財産の贈与を受けた者が申告及び納税をする必要があります。申告と納税は、財産の贈与を受けた年の翌年２月１日から３月15日の間に行うことになります。

　また、相続時精算課税を適用する場合には、納税額が発生しないときであっても財産の贈与を受けた者が財産の贈与を受けた年の翌年２月１日から３月15日の間に申告する必要があります。

　なお、申告期限・納期限（３月15日）が土曜、日曜、祝日等である場合はその翌日が期限となります。

〔その他〕

①　受贈者が外国に居住している場合についても、相続時精算課税の要件を満たしているときは、贈与について相続時精算課税の適用を受けることができます（相法21の９①）。

②　国外財産の贈与についても相続時精算課税の適用を受けることがで

きます。その場合、贈与税の計算上、国外財産に対する外国税額を控除することができます（相法21の8、21の9、21の11）。

　また、贈与者に相続が発生した場合に相続税額から控除する贈与税額は、外国税額を控除する前の税額となります（相法21の15③、21の16④）。

(参考：特定の贈与者から住宅取得等資金の贈与を受けた場合の相続時精算課税の特例)

　贈与による住宅取得等資金の取得をした場合、贈与者の年齢がその年の1月1日に60歳未満であっても、一定の要件を満たせば相続時精算課税の適用を受けることができます（措法70の3）。

〔イメージ〕

　なお、この特例の適用を受けた後、同じ贈与者から贈与を受けた財産については、たとえ贈与者がまだ60歳未満であっても、全て相続時精算課税の適用を受けることになります。つまり、一旦、この特例を適用すると贈与者の年齢に関係なく相続時精算課税が適用になるということです。

Q1-2 暦年課税の令和5年度税制改正の内容 （生前贈与加算の期間延長等）

> 暦年課税について、令和5年度税制改正の内容を教えてください。

A 改正前の暦年課税については、相続開始前3年以内の贈与財産の価額を相続税の課税価格に加算していました（基礎控除は適用せず贈与財産価額の全額）。改正後は、相続開始前7年以内の贈与財産の価額について相続税の課税価格に加算されるようになります。

なお、この改正は、令和6年1月1日以降の贈与財産について適用になります。

解説

1 改正概要（暦年課税・生前贈与加算の期間延長）

被相続人から受けた贈与財産の価額を、相続税の計算上、相続税の課税価格に加算する期間が3年間から7年間に延長されました（相法19①）。

改正前	改正後
相続開始前3年間	相続開始前7年間

なお、生前贈与の加算期間が7年間となるのは令和6年1月1日以降の贈与からです。令和6年1月1日以降の相続からではありません。そのため、**令和9年1月1日までの相続は、加算期間が3年のままで**、その後順次加算期間が延長され、**実際に加算期間が7年になるのは、令和13年1月1日以降の相続となります**（詳しくはQ1-3参照）。

2　生前贈与加算の対象となる者の範囲

【相続関係図】

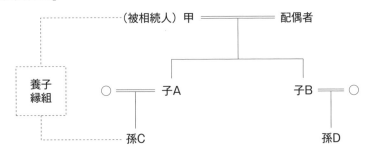

　改正前後を通じ、生前贈与加算の対象者は変更ありません。内容的には、「相続又は遺贈により財産を取得した者」となります。

　そのため、相続人（上図では、配偶者、子A、子B、孫C）でも相続財産を一切取得していなければ生前贈与加算はありません。また、逆に相続人ではない孫（上図では孫D）でも遺贈を受けていたり被相続人の死亡に伴う生命保険の受取人になっていた場合（相続税法上、遺贈扱い）には生前贈与加算の対象となります。

3　緩和措置

　相続開始前3年以内に贈与により取得した財産以外（相続開始前4年から7年の間に取得した財産）については、当該財産の価額の合計額から100万円を控除できます（相法19①）。

　なお、相続開始前4年〜7年の間の4年間で100万円です（毎年100万円ではありません）。

〔例〕

緩和措置100万円控除の対象期間

改正前加算額（相続開始前3年）	改正後加算額（相続開始前7年）
330万円	330万円＋（60万円＋70万円＋80万円＋90万円－100万円※）＝530万円 ※新制度での控除額

4　施 行 時 期

　令和6年1月1日以降の贈与により取得する財産に係る相続税について適用します（改正法附則19①②③）。

Q1-3 生前贈与の加算期間が実際に3年超となる時期

相続開始前の贈与について、相続財産への加算期間が7年間に延長されましたが、しばらくは加算期間が3年と聞きました。いつの相続から延長されるのでしょうか。

A　相続開始前の贈与について、贈与価額を相続税の課税価格へ加算する期間が7年に延長されましたが、これは令和6年1月1日以降の贈与が対象となります。そのため、実際に3年を超えて加算になるのは、令和9年1月2日以降の相続開始からということになります。

解説

令和9年1月1日相続開始の場合、相続開始前3年以内の贈与は令和6年1月1日からの贈与となり、これは、結果的には改正前と同じ期間となります。令和9年1月2日の相続開始であれば、相続開始前3年以内は令和6年1月2日となり、この場合、令和6年1月1日分増加（3年と1日）となります。

具体的な贈与の時期と加算対象期間は次のようになります。

贈与の時期		加算対象期間
〜令和5年12月31日		相続開始前3年間
令和6年1月1日〜	贈与者の相続開始日	
	令和6年1月1日〜 令和9年1月1日	相続開始前3年間
	令和9年1月2日〜 令和12年12月31日	令和6年1月1日〜相続開始日 （1日ずつ延長していく期間）
	令和13年1月1日〜	相続開始前7年間

　令和9年1月2日の相続から令和13年1月1日の相続までの間は、順次、加算期間が延びていくことになります（令和13年1月1日相続開始でちょうど加算期間が7年）。

○加算期間の改正のイメージ（令和6年1月1日の贈与から加算期間が7年となる）

※　令和9年1月1日までの相続には影響なし（3年加算のまま／3年前贈与でも令和6年1月1日）。

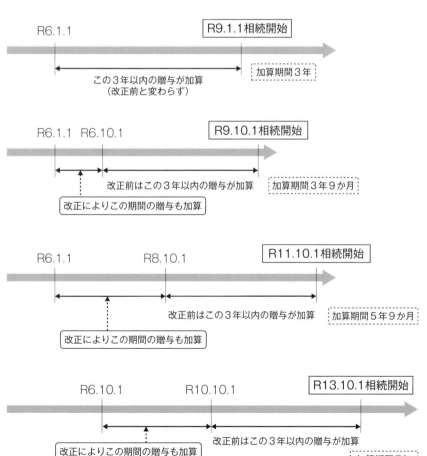

※　上図からも分かるように、令和 6 年 1 月 1 日以降の贈与で、かつ、相続開始前 7 年以内の贈与に該当する場合、その贈与財産価額が相続税の課税価格に加算されます。

　　令和 6 年 1 月 1 日以降の相続から相続開始前 7 年以内の贈与財産価額が相続税の課税価格に加算となるわけではありませんので、注意が必要です。

Q1-4 相続時精算課税の令和5年度税制改正の内容（基礎控除の創設）

相続時精算課税の令和5年度税制改正の内容を教えてください。

A 税制改正により、相続時精算課税について基礎控除（110万円）が新たに設けられ、基礎控除を超えている部分が相続財産に合算されて相続税を計算することになります（計算された相続税から納付済みの贈与税は控除されます。）。

そのため、前出の暦年課税の相続開始前7年以内の贈与に比較し、加算される金額が基本的に基礎控除分少なくなります。

なお、この改正は、令和6年1月1日以降の贈与について適用になります。

解説

1 基礎控除の創設

相続時精算課税にも110万円の基礎控除の導入がされました。これにより相続時精算課税を選択していても贈与額が年間110万円以下の場合は贈与税申告が不要となりました^(注)（相法21の11の2①、21の15①、21の16①、措法70の3の2①）。

(注) 改正前の制度（令和5年12月31日以前）では、110万円以下の贈与であっても、申告が必要でした。

改正前	改正後
全ての贈与が申告対象	110万円以下の贈与は申告不要 110万円を超える贈与が申告対象※

※ 仮に200万円の贈与の場合、基礎控除額を差し引いた90万円が課税対象となり、申告が
必要です。

　ただし、2,500万円の特別控除の枠が90万円以上残っていれば贈与税がかからず納税は
不要となります。

2　暦年課税の相続開始前7年以内の贈与加算との比較

　Q1-2で説明した暦年課税の場合には、相続開始前7年以内の贈与
財産の価額（基礎控除前）は相続税の課税価格に加算することになって
います。

　一方、相続時精算課税については相続開始前7年以内であっても（年
数に関係なく）基礎控除額（110万円）以下の贈与の場合は加算が不要（基
礎控除後の価額が加算対象）となります。

3　施　行　時　期

　上記の改正は、令和6年1月1日以降の贈与により取得する財産に係
る相続税又は贈与税について適用されます（改正法附則19①④⑤、51④）。

相続時精算課税のイメージ（令和6年1月1日以降）

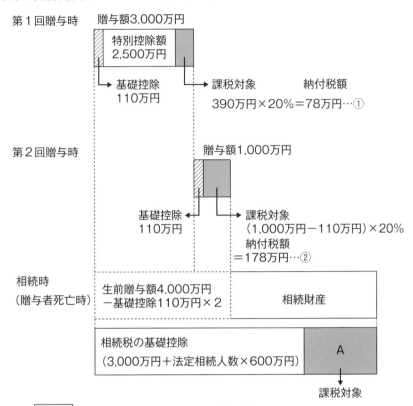

* 相続税 ＝課税対象A×相続税率 －（①＋②）

贈与時に支払済み分

Q1-5　令和5年度税制改正の背景と今後

令和5年度税制改正の背景はどのようなものでしょうか。また、今後の展開はどのように予想されるでしょうか。

A　資産移転の時期に対する中立性を図ること等を背景として改正が行われましたが、諸外国の例からみると、今後、生前贈与の相続財産への加算期間が延長（例えば10年、15年）される可能性があると思われます[注]。

（注）　外国の例で言うと、生前加算はドイツ10年、フランス15年です。

解説

以下、「令和5年度税制改正のすべて」（財務省）を参考にして説明します。

1　相続税・贈与税の現状

現在、相続税と贈与税が別個の税体系として存在しており、贈与税は、相続税の累進負担の回避を防止する観点から、相続税よりも高い税率構造となっています。

実際、相続税がかからない方や、相続税がかかる方であってもその多くの方にとっては、贈与税の税率の方が高いため、生前にまとまった財産を贈与しにくい状態にあります。

他方、相続税がかかる方の中でも相続財産の多いごく一部の方にとっては、財産を生前に分割して贈与する場合、相続税よりも低い税率が適用されます。

2　改正の背景・経緯

　上述した問題認識の下、政府税制調査会において議論が行われてきました。そして、令和4年10月には「相続税・贈与税に関する専門家会合」が開催され、「資産移転の時期の選択により中立的な税制の構築に向けた論点整理」（令和4年11月）が取りまとめられました。本論点整理においては、「中期的な課題」と「当面の対応」に分けて論点整理がなされています。

（1）　「中期的な課題」

　上記論点整理のなかで「中期的な課題」としては、「諸外国と同様の形(注)で累積的な課税を目指すとすれば、法定相続分課税方式を見直していくことが考えられる」としつつ、課税方式も含む相続税・贈与税のあり方については、資産移転の時期の選択に対する中立性の観点だけではなく、幅広い観点から議論を行っていく必要があると述べられています。

> （注）　アメリカ（遺産課税方式）、ドイツ、フランス（いずれも遺産取得課税方式）では、相続税と贈与税が一体化したものとなっています。

（2）　「当面の対応」

　「当面の対応」としては、相続時精算課税制度について、「納税者が必要に応じて同制度を利用できるようにすべきではないか」、「一定の少額以下は課税しないことが考えられるのではないか」といった意見が述べられており、また、暦年課税における相続前贈与の加算については、「現行の加算期間を延ばすことが適当ではないか」、「一定額以下の少額贈与に係る取扱いについて検討することも考えられるのではないか」といった意見が述べられています。令和5年度税制改正では、上記論点整理も踏まえながら議論が行われ、相続税・贈与税について、資産移転の時期の選択により中立的な税制の構築として、相続時精算課税制度の使い勝

手向上と暦年課税における相続前贈与の加算 期間等の見直しを行うこととされました。

3　改正（相続時精算課税制度の使い勝手向上）

　相続時精算課税制度は、平成15年度税制改正において、次世代への早期の資産移転と有効活用を通じた経済活性化の観点から導入されたものです。相続時精算課税の選択後は生前贈与か相続かによって税負担は変わらず、資産移転の時期に対して中立的な仕組みとなっています。令和５年度税制改正では、暦年課税との選択制は維持しつつ、本制度の使い勝手向上を図ることとされました。具体的には、申告等に係る事務 負担を軽減する等の観点から、相続時精算課税制度においても、暦年課税と同水準の基礎控除を創設する等の措置が講じられています。

4　改正(暦年課税における相続前贈与の加算期間等の見直し)

　令和５年度税制改正では、暦年課税においても、資産移転の時期に対する中立性を高めていく観点から、相続財産 に加算する期間を相続開始前７年（改正前は３年）に延長することとされました。その際、過去に受けた贈与の記録・管理に係る事務負担を軽減する観点から、延長した期間に贈与を受けた財産の価額のうち100万円は、相続財産に加算しないこととしています。

第2章

暦年課税・相続時精算課税の改正関係事例

Q2-1 両親から同年中に相続時精算課税贈与を受けた場合の基礎控除の計算

　甲は父と母から相続時精算課税を利用して現金贈与を同年中（令和6年中）に受ける予定で、贈与額は父から600万円、母から400万円となります。この場合、贈与税の申告をする際に基礎控除をどのように計算するのでしょうか。

　また、2,500万円の特別控除との関係はどうなるでしょうか。

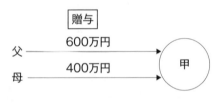

A　110万円の基礎控除額は、贈与額の比で按分することになります。

　また、基礎控除を控除した残額について、特別控除を適用することになります。

解説

1　基礎控除について

　相続時精算課税適用者（受贈者／本問では甲）がその年中において特定贈与者（相続時精算課税の対象となる贈与者／本問では父、母）から贈与により財産を取得した場合、贈与税の計算上、課税価格から110万円の基礎控除額を控除します（相法21の11の2①、措法70の3の2①）。

　ここで、相続時精算課税適用者が、同一年中に複数の特定贈与者から贈与を受けた場合には、それぞれの贈与を受けた財産の価額に応じて基

礎控除の額を按分します（相法21の11の２②、措法70の３の２③、措令40の５の２）。

〔**基礎控除額の按分の計算式**〕

$$110万円 \times \frac{特定贈与者ごとの贈与税の課税価格}{全ての特定贈与者からの贈与税の課税価格の合計額}$$

本問のケースでは、下記の計算になります。

〔**父からの贈与に対応する基礎控除額**〕

$$110万円 \times \frac{600万円}{600万円 + 400万円} = 66万円$$

〔**母からの贈与に対応する基礎控除額**〕

$$110万円 \times \frac{400万円}{600万円 + 400万円} = 44万円$$

2　特別控除（2,500万円）との関係

相続時精算課税適用者がその年中において、特定贈与者からの贈与により財産を取得した場合、贈与税の計算上、特定贈与者ごとの贈与税の課税価格（基礎控除の額を控除した残額）からそれぞれ次に掲げる金額のうち、いずれか低い金額が控除されます（相法21の12①）。

①　2,500万円（既にこの特別控除を適用し控除した金額がある場合には、その金額の合計額を控除した残額）

②　特定贈与者ごとの贈与税の課税価格

本問のケースでは、下記の計算になります。

〔**父からの贈与の特別控除額**〕

600万円－66万円（基礎控除）＝534万円　　534万円＜2,500万円　∴534万円

〔**母からの贈与の特別控除額**〕

400万円－44万円（基礎控除）＝356万円　　356万円＜2,500万円　∴356万円

3 税 率

　特定贈与者から贈与により財産を取得した場合、特定贈与者ごとに計算した贈与税の課税価格（基礎控除額を控除した残額）から、特定贈与者ごとに計算した特別控除の額を控除した金額に20％の税率を乗じます。なお、本問のケースでは、特別控除の範囲内のため、贈与税は発生しません。

（参考）

　本問のケースで、仮に母からの贈与がなく、父からの贈与が3,000万円の場合、贈与税の計算は下記になります。

　3,000万円－110万円（基礎控除額）－2,500万円（特別控除額）＝390万円

　390万円×20％（税率）＝78万円（贈与税額）

Q2-2 相続時精算課税贈与を受けた場合の申告・届出義務（基礎控除額以下の場合）

甲は祖父から相続時精算課税を適用して、現金100万円の贈与を受ける予定です（令和6年中）。

この場合、基礎控除額以下のため、申告等は不要でしょうか。

A 基礎控除額110万円以下のため、申告義務はありませんが、相続時精算課税の適用が初めてであれば、所轄税務署に届出が必要となります。

解説

1 贈与税の申告及び届出（原則）

相続時精算課税を選択する場合は、原則として、贈与税の申告書の提出期間内に、申告書に「相続時精算課税選択届出書」を添付し、受贈者の納税地の所轄税務署長に提出する必要があります。

2 贈与税の申告について（本問のケース）

受贈者が贈与により取得した財産について相続時精算課税の適用を受ける者で、その財産の価額から基礎控除の額を控除した残額がある場合には、期限内に申告する必要があります（相法21の2④、28①②）。

本問の場合は、基礎控除以下の贈与のため申告義務はありません。

（注）　その財産を贈与した特定贈与者がその贈与をした年の中途において死亡した場合には、その贈与により取得した財産（租税特別措置法第70条の2第2項第5号に規定する住宅取得等資金のうち同条第1項の規定の適用があるものとした場合において同項の規定により贈与税の課税価格に算入されないこととなるものを除きます。）に係る申告は必

要ありません（相法28④、措法70の2⑭⑯、措令40の4の2⑬）。

3　相続時精算課税適用の届出書について（本問のケース）

　甲に申告義務がない場合であっても、特定贈与者（本問では祖父）についての相続時精算課税の適用が初めての場合は、申告期限内に「相続時精算課税選択届出書」を所轄税務署に提出する必要があります（相法21の9②）。

Q2-3 相続時精算課税選択届出書の提出を失念した場合の影響

前問Q2-2の甲が、相続時精算課税選択届出書を提出しないまま、祖父から100万円の贈与を受け続けていた場合、将来への影響（祖父の相続発生時の税負担の影響）はあるのでしょうか。

 前問で、受贈者である甲（贈与者の孫）が遺贈で祖父から遺産を取得するようなことがあると、税負担の影響が発生します。

解説

相続時精算課税選択届出書を提出せずに、贈与を続けた場合、暦年課税扱いになります（相法21の9②）。

ここで、甲が遺言で何らかの財産を祖父から取得することとなった場合、相続開始前7年以内の贈与財産の価額（基礎控除前）を相続税の課税価格に加算されることになります。

例えば、毎年100万円の贈与を10年間続け、その後、祖父に相続が発生した場合、7年分（700万円）が相続財産に加算され相続税を計算することになります。

Q2-4 相続時精算課税贈与により取得した財産について災害を受けた場合

相続時精算課税を適用して贈与を受けた後に、贈与を受けた財産が災害にあった場合は、特例があると聞いたのですが、どのようなものでしょうか。

A 相続時精算課税の適用を受けて取得した財産が土地又は建物で、相続税の申告書の提出期限までの間に災害にあった場合には、加算される価額を減額する特例があります。

解説

相続税の計算上、相続時精算課税を適用した贈与財産は、贈与時の価額となるのが基本です（令和６年１月１日以後の贈与については基礎控除額を控除した残額）。

ただし、相続時精算課税適用者（受贈者）が、贈与により取得した財産が土地又は建物で、その贈与の日から相続税の申告書の提出期限までの間に災害（令和６年１月１日以後に生ずる災害（冷害、雪害、干害、落雷、噴火その他の自然現象による災害、鉱害、火薬類の爆発その他の人為による異常な災害並びに害虫、害獣その他の生物による異常な災害をいいます。）に限ります。）を受けた場合、所轄税務署長の承認を受けたときには[(注)]、その相続税の課税価格への加算の基礎となる土地又は建物の価額は、その贈与の時における価額から災害によって被害を受けた部分に相当する額を控除することができます。なお、基礎控除の額も控除します（措法70の３の３①③、措令40の５の３、改正法附則51⑤）。

（注）　相続時精算課税適用者が、当該土地又は建物について災害被害者に

対する租税の減免、徴収猶予等に関する法律第4条又は第6条第2項
の規定の適用を受けようとする場合又は受けた場合を除きます。

災害を受けた場合の贈与価額減額の手続き

> 前問Q２-４の特例の適用を受けるためには、どのような手続きが必要でしょうか。

A 　所轄税務署長に一定の書類を提出し、承認を受ける必要があります。

解説

　相続時精算課税適用者が、この特例の適用を受けるためには、原則として、その災害発生日から３年を経過する日までに、災害による被害額や保険金などにより補填される金額などの事項を記載した申請書に「り災証明書」など一定の書類を添付して、その相続時精算課税適用者の贈与税の納税地の所轄税務署長に提出し、承認を受ける必要があります。

　また、相続時精算課税適用者が上記の承認を受けた後に、保険金の支払を受けたことなどにより被災価額に異動が生ずる場合には、遅滞なく、異動が生ずる事由等を記載した届出書等を所轄税務署長に提出する必要があります。

　なお、相続時精算課税適用者が、被害を受けた土地又は建物について、災害減免法^(注)により贈与税の軽減等の適用を受けようとする場合又は受けた場合は、この特例は適用できません。災害減免法については、国税庁ホームページに情報が掲載されています。

　（注）　災害被害者に対する租税の減免、徴収猶予等に関する法律

Q2-6 相続開始前7年以内の贈与加算と100万円控除

相続開始前7年以内の贈与財産の加算と100万円控除が適用できる期間は、どのように判断すればよいのでしょうか。

A 相続開始前7年以内に贈与により取得した財産は相続財産に加算されますが、令和6年1月1日以降の贈与から対象です。

また、加算される贈与財産のうち、相続開始前3年以内に贈与により取得した財産以外（相続開始前4年から7年の間に取得した財産）については、当該財産の価額の合計額から100万円を控除できますが、これも令和6年1月1日以降の贈与が対象です。

具体的には、解説を参照願います。

解説

以下の3つの相続開始時期を基に各期間を考えてみると、次のようになります。

(1) 相続開始　令和9年10月1日
(2) 相続開始　令和12年10月1日
(3) 相続開始　令和14年10月1日

〔(1)のケース〕
① 7年以内加算対象期間……令和6年1月1日～令和9年10月1日
② 100万円控除対象期間………令和6年1月1日～令和6年9月30日
〔(2)のケース〕
① 7年以内加算対象期間……令和6年1月1日～令和12年10月1日

② 100万円控除対象期間………令和６年１月１日〜令和９年９月30日

〔(3)のケース〕

① ７年以内加算対象期間……令和７年10月１日〜令和14年10月１日

② 100万円控除対象期間………令和７年10月１日〜令和11年９月30日

Q2-7 相続開始前７年以内の贈与加算と除斥期間（賦課権の期間制限）との関係

令和５年度税制改正で相続開始前７年以内の贈与財産については、相続財産に加算されることになりました。

一方で、贈与税の申告をせずに申告期限から６年経つといわゆる時効になりますが、これらの関係はどのように考えればよいのでしょうか。

A 贈与税の申告期限から６年^(注)を経過すると、課税庁は更正・決定処分ができなくなります（申告・納税もできません）（相法37、通則法70）。

一方、令和５年度税制改正で、相続開始前７年以内の贈与については、贈与財産の価額を相続税の課税価格に加算することになりましたが、これら２つの規定は関係し合うことはありませんので、各々別個に判断します。

なお、相続開始前７年以内の贈与財産の加算の対象となるのは、令和６年１月１日以降の贈与となります。

(注) 偽りその他不正の行為があった場合は７年（通則法70）。本問では、そのような事実はないものとします。

解説

以下、事例で解説します。

なお、下記の贈与は基礎控除を超え無申告であったとします。

(1) 相続開始令和９年10月１日／相続人に対する贈与令和５年10月１日

(2) 相続開始令和12年10月１日／相続人に対する贈与令和６年10月１日

⑶ 相続開始令和14年10月1日／相続人に対する贈与令和7年10月1日

〔⑴のケース〕

　贈与が令和5年中のため、7年以内の加算対象にはなりません。一方、贈与税の申告期限（令和6年3月15日）から6年を経過するのは令和12年3月15日となります。

　そのため、贈与税の期限後申告が必要となります（相続開始時点で贈与税の無申告を認識したものと仮定しています。）。

〔⑵のケース〕

　贈与が令和6年1月1日以降のため、7年以内の加算対象になります。また、贈与税の申告期限（令和7年3月15日）から6年を経過するのは令和13年3月15日となります。

　そのため、贈与税の期限後申告が必要となります（相続開始時点で贈与税の無申告を認識したものと仮定しています。）。

〔⑶のケース〕

　贈与が令和6年1月1日以降のため、7年以内の加算対象になります。また、贈与税の申告期限（令和8年3月15日）から6年を経過するのは令和14年3月15日となります。

　そのため、贈与税の期限後申告はできません（相続開始時点で贈与税の無申告を認識したものと仮定しています。）。

　⑶のケースでは、期限後申告は期間を経過しておりできませんが（課税庁からの決定処分もできませんが）、相続開始前7年以内の贈与財産として相続財産には加算されることになります。

Q2-8 相続開始前7年以内の贈与加算の具体的計算

　例えば、次の相続開始の場合、贈与加算額はどのように計算されるでしょうか。

⑴　相続開始　令和6年10月1日

⑵　相続開始　令和9年10月1日

⑶　相続開始　令和12年10月1日

A　相続開始時期に応じ生前贈与加算額に違いが生じます。

　下記解説の例（贈与時期と金額）を参照ください。

　なお、相続開始前3年以内に贈与により取得した財産以外（相続開始前3年超7年以内に取得した財産）については、当該財産の価額の合計額から100万円を控除する緩和措置があります(注)。

（注）　相続開始前3年超7年以内の間の4年間で100万円です（毎年100万円ではありません）。

解説

　下記の期間に下記の贈与があったものとします。

（1）　相続開始　令和6年10月1日

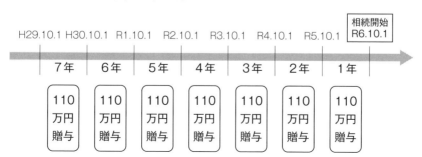

　贈与加算額

　＝（相続開始前３年分）　110万円＋110万円＋110万円＝330万円

（注）　７年以内加算の対象は令和６年１月１日以後の贈与

（２）　相続開始　令和９年10月１日

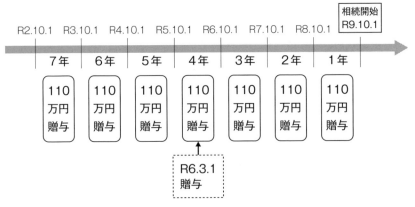

相続開始前３年分　　　110万円＋110万円＋110万円＝330万円……①

改正による延長分（R6.1.1 〜 R6.9.30）

　　　　　　　　　110万円－100万円（緩和措置）＝10万円……②

贈与加算額＝①＋②＝340万円

（注）　緩和措置については**Q１-２**参照。

（３）　相続開始　令和12年10月１日

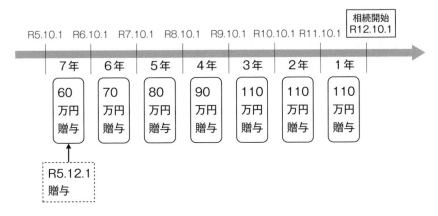

相続開始前３年分　　　　110万円＋110万円＋110万円＝330万円……①

改正による延長分（R6.1.1 ～ R9.9.30）

　　　90万円＋80万円＋70万円－100万円（緩和措置）＝140万円……②

贈与加算額＝①＋②＝<u>470万円</u>

（注）　緩和措置については**Q1-2**参照。

Q2-9 相続開始前７年以内の贈与加算の対象者

相続開始前７年以内の贈与について、贈与財産を相続財産に加算して相続税を計算しなければならない対象者はどのような人でしょうか。

A 　相続開始前７年以内の贈与について、贈与価額を相続税の課税価格に加算しなければならない者は、「相続又は遺贈により財産を取得した者」となり、これは改正前後を通じ変更はありません（相法19①）。

解説

以下、例を挙げて解説します。

〔相続関係図〕

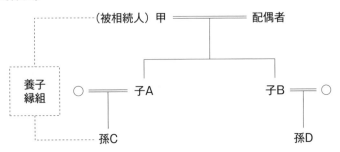

上図において、相続人は配偶者、子Ａ、子Ｂ、孫Ｃとなります。これらの相続人が相続により財産を取得していれば、相続開始前７年以内の贈与財産の価額は加算対象となります。

もし、仮にこれらの相続人が、何も相続しなければ加算対象にはなりません。

　一方、孫Dは相続人ではないため相続開始前7年以内の贈与財産の価額は加算対象になりません。ただし、孫Dが、被相続人から遺贈を受けていたり、被相続人の死亡に伴う生命保険の受取人になっているような場合（相続税法上、遺贈扱い）には、加算の対象となります。

Q2-10 令和5年度税制改正への対応① （相続時精算課税適用か、暦年課税適用か）

> 相続時精算課税と暦年課税の改正を踏まえ、これらの制度の利用について税負担の面からはどのように判断すればよいでしょうか。

 　一概には決められず、次のような前提を決めた上でのシミュレーションが必要かと思います。

(1)　贈与期間（贈与者の年齢等から予定できる期間を想定）

(2)　贈与金額（贈与者の資産内容や今後の使用予定額等から贈与できる金額を想定）

(3)　贈与対象物（現金、有価証券、不動産等の選択）

(4)　贈与者の資産額（高額資産家か、中程度か、一般的か）（相続税の税率区分の確認）

解説

1　相続税や贈与税のシミュレーションをするにしても、様々なパターンがあり、一概にこれが有利というのは限定し難いと思います。

　　そのため、上述した一定の前提を決めた上で暦年課税、相続時精算課税を比較してみることになるかと思います。

2　ただ、贈与者がまだ元気で、それほどの高齢でない場合（例えば70代）は、暦年課税から始めて、相続開始がある程度見えてきたら相続時精算課税に移行して加算されない110万円の基礎控除を活用して贈与していく方法が有利になるかと思います。

　（注）　相続時精算課税は、一度選択すると暦年課税には戻れないため、そ

　　　の点からもまずは暦年課税からスタートするといったことが考えられます。

3　また、高額な贈与、例えば、賃貸不動産^(注)や上場の検討を始めている株式等については、暦年課税では対応が難しい（贈与税率が累進税率のため高すぎる）ため、従来通り相続時精算課税が利用されるケースが多いと思います。

（注）　贈与税の負担の観点から建物のみ贈与するケースもあります。

4　なお、贈与財産価額の相続開始前7年加算は、相続、遺贈により財産を取得する人が対象なので、そうでない人、例えば養子縁組をしていない孫、代襲相続人でない孫等への暦年課税の贈与は有効かと思います。

5　上記の内容を踏まえ、簡単な贈与の例を考えてみます。

　（1）　**贈与期間20年（又は15年）**

　　　①　当初13年（又は8年）……暦年課税

　　　②　その後7年……相続時精算課税（7年加算の対象外）

　　　③　贈与額110万円程度（高額にならいないもの）

　　　④　対象者……子

（参考）

・対象者が孫（相続人非該当、遺贈で財産取得しない）の場合は、20年間（又は15年間）暦年課税でもいいと思われます。

・金額が大きい場合（不動産や株式等含む）は、相続時精算課税を別途検討した方がいいでしょう。

　（2）　**贈与期間10年**

　　　①　当初3年……暦年課税

　　　②　その後7年……相続時精算課税（7年加算の対象外）

　　　③　贈与額110万円程度（高額にならいないもの）

④　対象者……子

（参考）
・対象者が孫（相続人非該当、遺贈で財産取得しない）の場合は、10年間
　暦年課税でもいいと思われます。
・金額が大きい場合（不動産や株式等含む）は、相続時精算課税を別途検
　討した方がいいでしょう。

(3)　贈与期間５年

①　５年……相続時精算課税（７年加算の対象外）

②　贈与額110万円程度（高額にならいないもの）

③　対象者……子

（参考）
・対象者が孫（相続人非該当、遺贈で財産取得しない）の場合は、５年間
　暦年課税でもいいと思われます。
・金額が大きい場合（不動産や株式等含む）は、相続時精算課税を別途検
　討した方がいいでしょう。

6　養子縁組をしている孫等についても、早期からの贈与は当然有効で
す。また、財産額が非常に高額になるケースでは、養子縁組はやはり
有効なので（基礎控除による減額はそれほどでもないが相続税率の減
少が顕著なケースもあり／相続人が少ないケースは特に有効）、７年
加算に関係なく養子縁組されることは、有効なものと思われます（い
ずれにしても試算は必要です。）。

　以下、暦年課税による贈与、相続時精算課税による贈与が相続税にど
の程度影響を与えるのか、見てみましょう。

〔例　贈与無し・暦年贈与・相続時精算課税贈与〕

1　家族関係図

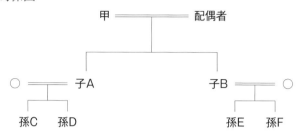

2　贈与者　甲

3　贈与期間（15年）／贈与総額（9,900万円）

4　ケース

(1)　贈与なし

(2)　子A・子Bについて<u>暦年課税</u>（各人毎年110万円ずつ）

　　　孫について暦年課税（各人毎年110万円ずつ）

(3)　子A・子Bについて<u>相続時精算課税</u>（各人毎年110万円ずつ）

　　　孫について暦年課税（各人毎年110万円ずつ）

5　遺産額　3億円の場合

　ケース(1)……相続税　57,200,000円　贈与税ゼロ

　ケース(2)……相続税　30,600,000円　贈与税ゼロ ⎫
　ケース(3)……相続税　27,250,000円　贈与税ゼロ ⎭　差額3,350,000円

6　遺産額　5億円の場合

　ケース(1)……相続税　131,100,000円　贈与税ゼロ

　ケース(2)……相続税　97,240,000円　贈与税ゼロ ⎫
　ケース(3)……相続税　92,550,000円　贈与税ゼロ ⎭　差額4,690,000円

〔**上記例から考えられるポイント**〕

1 暦年課税贈与と相続時精算課税贈与の差異（差額税金）を大きいと判断する場合は、より綿密なシミュレーションを行うことになります。ただし、相続発生時期を予測することは難しいことから、どこまで注力するかが問題となります。

2 暦年課税贈与と相続時精算課税贈与との差に比べ、贈与をしなかった場合と、贈与を行った場合の差が格段に大きいことが分かります。

　そのため、基本的には、暦年課税、相続時精算課税に関わらず、早期に対策（贈与）を計画的にスタートすることが重要（まずはそれに注力することが重要）と考えられます。

Q2-11　令和5年度税制改正への対応②（贈与時期の確認）

相続財産に加算される贈与財産について相続開始前3年以内から7年以内に延長されることになり、また、100万円の控除（相続開始前3年以内の贈与財産以外）もできたことから、贈与の時期がより重要になるものと考えられますが、どのように判断すればよいでしょうか。

 A 　下記の解説を参照ください。なお、贈与契約書の作成は、より重要性を増すものと考えられます。

解説

贈与については、民法で規定されています。また、相続税法基本通達においても関連する規定があります。

1　民法の規定

民法の規定は以下のとおりです。

> **（贈与）**
> **第549条**　贈与は、当事者の一方がある財産を無償で相手方に与える意思を表示し、相手方が受諾をすることによって、その効力を生ずる。
>
> **（書面によらない贈与の解除）**
> **第550条**　書面によらない贈与は、各当事者が解除をすることができる。ただし、履行の終わった部分については、この限りでない。

（注）　贈与とは贈与者から受贈者に対して無償で財産的出捐をすることを

目的とする諾成契約（当事者の合意だけで成立する契約）であると考えられます。

2 相続税法基本通達の規定

相続税法基本通達の規定は以下のとおりです。

（財産取得の時期の原則）

1の3・1の4共－8 相続若しくは遺贈又は贈与による財産取得の時期は、次に掲げる場合の区分に応じ、それぞれ次によるものとする。

(1) 省略

(2) 贈与の場合 書面によるものについてはその契約の効力の発生した時、書面によらないものについてはその履行の時

上記通達は、民法第550条を基本としていると考えられます。そのため、民法上は贈与は当事者の意思表示と受諾で効力が生じますが、相続税法基本通達では書面によらない贈与は、その「履行の時」（預金の贈与であれば、通帳・印鑑等の引渡し時）が贈与となります。

これは、贈与済み財産か名義借財産（相続財産）かの判定でも重要になります。

Q 2-12 令和5年度税制改正への対応③（贈与事実の確認）

生前贈与の相続財産への加算期間が延長になりましたが、贈与済みなのか、まだなのか判断に迷うケースもあります。贈与が完了しているかどうかについて、過去に納税者と課税庁との間で争いになった事例は多くあるようですが、どのような点に気を付ければよいのでしょうか。

A 贈与が完了している（受贈者の個人財産）か、名義借財産（実質的に被相続人の財産）かの判定は、一般的には①財産の原資（誰が資金を出しているか）、②管理・運用（預金であれば通帳、印鑑等の管理、入出金を誰がしているか）、③利得の収受（預金であれば誰が利息を受け取っているか、株式であれば誰が配当金を受け取っているか）の内容で確認します。

解説

過去に争いになった事例の中から、参考として2つの事例（2つ目は未成年者に対するもの）を掲げますので参考にしてください。

1 名義借財産と判断されたもの（東京地裁平成26年4月25日判決（棄却））

〔概要〕

○原告（相続人）の主張

原告は、被相続人が原告に対して毎年、贈与税の非課税枠の限度額の範囲以内で贈与する旨約したことで、贈与契約が成立し、原告名義の貯

金口座に預入れが行われたことで贈与が履行されたと主張しました。

○裁判所の判断

次のような認定事実を総合考慮すれば贈与契約は成立していないとして、相続財産と判断しました。

① 原告名義の貯金口座は、いずれも被相続人が自らの財産を原資として開設した。

② 被相続人は、原告名義の貯金口座に係る一部の解約金を自己の口座に入金し、同口座の資金を土地の購入資金に充て、被相続人名義で土地を取得した。

③ 被相続人は、原告に対して届出印を返還したが、貯金に係る証書を自ら保管していた。

（判決文一部抜粋／亡Aは被相続人）

これに対し、原告は、亡Aが証書を保管していたことにつき、原告が証書を○○で保管していても預貯金を下ろすことはできないし、特に金員を必要とする事情もないことから、そのまま○○○に置いていたのであり、亡Aは、他人の財産を預かっていたにすぎない旨主張する。しかしながら、平成14年以降における定期貯金の解約の状況とその使途に照らすと、亡Aが証書を保管していたのは、それまでに預け入れられた金員の具体的な使途につき亡Aが自己の意思を反映する余地を残す意図があったためであるといわざるを得ない。したがって、原告の上記主張は採用することができない。

2 贈与が完了しているものと判断されたもの（令和3年9月17日裁決）

〔概要〕

被相続人が毎年一定額を入金していた未成年の子名義の預金口座に係

る預金は相続財産に含まれないと判断した事例です。

　本事例は、被相続人が、毎年一定の金額を当時未成年であった嫡出でない子（長女）に贈与する旨を記した贈与証を作成した上で、長女の唯一の法定代理人である母を介し、長女名義の普通預金口座に毎年入金していたことにつき、当該母が、その贈与証に基づく贈与を受諾し、入金していたものであるから、当該口座に係る預金は長女に帰属する財産であり、相続財産には含まれないと認定したものです。

〔裁決要旨〕

　原処分庁は、請求人の亡夫（被相続人）が、毎年一定の金額を当時未成年であった被相続人の嫡出でない子（長女）に贈与する旨を記した贈与証（本件贈与証）を作成した上で、長女の母を介し、長女名義の普通預金口座（本件預金口座）に平成13年から平成24年までの間、毎年入金していたことについて、長女の母は、本件贈与証の具体的内容を理解しておらず、被相続人の指示に従い本件預金口座に入金していたにすぎず、当該入金が長女へ贈与されたものとは認識していないから、被相続人から長女への贈与は成立しておらず、本件預金口座に係る預金は被相続人の相続財産に含まれる旨主張する。

　しかしながら、本件贈与証の内容は、その理解が特別困難なものとはいえない上、長女の母は、本件贈与証を預かるとともに、被相続人の依頼により本件預金口座へ毎年入金し、本件預金口座の通帳等を口座開設当時から管理していたことからすれば、平成13年当時、長女の唯一の親権者であった長女の母は、長女の法定代理人として、本件贈与証による贈与の申込みを受諾し、その履行として本件預金口座へ毎年入金していたと認めるのが相当であり、また、本件預金口座には、利息を除き、毎年の入金以外に入金はないから、本件預金口座に係る預金は、平成13年の口座開設当初から長女に帰属するものであって、相続財産には含まれ

ない。

（注）　長女は、成年に達した以降も本件贈与証の内容を把握していなかっ
　　　た。

(参考：名義借財産の立証責任)

　相続人等の名義の財産は、基本的に相続人等の財産です。これらについて被相続人の財産とするための立証責任は、課税庁にあります（東京地裁平成18年９月22日判決）。

（参考：贈与契約書例／未成年者に対するもので未成年者が署名できないケース）

贈与契約書

　贈与者　○○太郎　（以下「甲」という）は、受贈者　○○一郎　（以下「乙」という）と、下記条項により贈与契約を締結する。

記

第1条　甲は、現金_____円を乙に贈与するものとし、乙はこれを受諾した。

第2条　甲は、第1条に基づき贈与した現金を、令和　　年　　月　　日までに、乙が指定する銀行預金口座に振り込むものとする。

　この契約を締結する証として、この証書2通を作成し、甲乙および乙の法定代理人が記名捺印のうえ、甲乙双方が各1通を保有するものとする。

令和　　年　　月　　日

　　　（甲）住　　所　＿＿＿＿＿＿＿＿＿＿＿＿＿＿＿＿＿＿
　　　　　　氏　　名　＿○○太郎＿＿＿＿＿＿＿＿＿＿＿　印

　　　（乙）住　　所　＿＿＿＿＿＿＿＿＿＿＿＿＿＿＿＿＿＿
　　　　　　氏　　名　＿○○一郎　　法定代理人　親権者母　○○花子＿　印

　（乙の親権者）住　　所　＿＿＿＿＿＿＿＿＿＿＿＿＿＿＿＿
　　　　　　　　氏　　名　＿＿＿＿＿＿＿＿＿＿＿＿＿＿＿　印

Q2-13 令和５年度税制改正への対応④（開示請求）

相続時精算課税を適用した贈与税の申告内容について開示の請求ができると聞きましたが、どのような場合にできるのでしょうか。

A 相続時精算課税の適用財産や相続開始前７年以内の贈与財産については、税務署に開示請求(注)することができますので、その制度を利用して申告漏れがないかどうかを確認することが望まれます。

（注）　制度としては、改正前からあるものです。

解説

所轄税務署（贈与者の住所地を所轄する税務署）長に対し、相続時精算課税の適用財産や相続開始前７年以内の贈与財産については、開示請求することができます（相法49①）。

ここで、贈与税の申告書の開示請求ができるのは、相続時精算課税の適用を受けた者以外の者や相続開始前７年以内の贈与を受けた者以外の者で相続、遺贈により財産を取得し申告等が必要な者となります。

（注）　相続時精算課税の適用を受けた者や相続開始前７年以内の贈与を受けた者については、次問の閲覧サービスを利用できます（**Q2-14**参照）。

（参考）
相続時精算課税の相続財産への合算漏れは、最近の税務調査で頻繁に指摘されていますので注意が必要です。

相続税法第49条第1項の規定に基づく開示請求書

＿＿＿＿＿税務署長　　　　　　　　　　　　　　　　　　令和　　年　　月　　日

【代理人記入欄】

住所

氏名

連絡先

開示請求者	住所又は居所（所在地）	〒		
	連絡先	※連絡先は日中連絡の可能な番号（携帯電話等）を記入してください Tel（　　　－　　　　　－　　　　）		
	フリガナ			
	氏名又は名称			
	個人番号	｜　｜　｜　｜　｜　｜　｜　｜　｜　｜　｜　｜		
	生年月日		被相続人との続柄	

　私は、相続税法第49条第1項の規定に基づき、下記1の開示対象者が平成15年1月1日以後に下記2の被相続人からの贈与により取得した財産で、当該相続の開始前3年以内に取得したもの又は同法第21条の9第3項の規定を受けたものに係る贈与税の課税価格の合計額について開示の請求をします。

1　開示対象者に関する事項（相続又は遺贈により財産を取得したすべての人（開示請求者を除く。）を記載してください。）

住所又は居所（所在地）			
過去の住所等			
フリガナ			
氏名又は名称（旧姓）			
生年月日			
被相続人との続柄			

2　被相続人に関する事項

住所又は居所	
過去の住所等	
フリガナ	
氏　名	
生年月日	
相続開始年月日	平成・令和　　年　　月　　日

3　承継された者(相続時精算課税選択届出者)に関する事項

住所又は居所	
フリガナ	
氏　名	
生年月日	
相続開始年月日	平成・令和　　年　　月　　日
精算課税適用者である旨の記載	上記の者は、相続時精算課税選択届出書を＿＿＿＿＿署へ提出しています。

4　開示の請求をする理由（該当する口に✓印を記入してください。）

相続税の　□ 期限内申告　□ 期限後申告　□ 修正申告　□ 更正の請求　に必要なため

5　遺産分割に関する事項（該当する口に✓印を記入してください。）

□ 相続財産の全部について分割済（遺産分割協議書又は遺言書の写しを添付してください。）
□ 相続財産の一部について分割済（遺産分割協議書又は遺言書の写しを添付してください。）
□ 相続財産の全部について未分割

6　添付書類等（添付した書類又は該当項目の全ての口に✓印を記入してください。）

□ 遺産分割協議書の写し	□ 戸籍の謄(抄)本	□ 遺言書の写し	□ 住民票の写し
□ その他（　　　　　　　　　　　　　　　　　　　　　　　　　　　　　）			
□ 私は、相続時精算課税選択届出書を＿＿＿＿＿署へ提出しています。			

7　開示書の受領方法（希望される口に✓印を記入してください。）

□ 直接受領（交付時に請求者又は代理人であることを確認するものが必要となります。）　　□ 送付受領（請求時に返信用切手、封筒及び住民票の写し等が必要となります。）

※　税務署整理欄（記入しないでください。）

番号確認	身元確認	確認書類		確認者
□ 済		個人番号カード／通知カード・運転免許証		
□ 未済		その他（　　　　　　　　　　　　　）		
委任の確認	開示請求者への確認	（　・　・　）		
	委任状の有無	□ 有　□ 無（　　　　　　　　　）		

（資4－90－1－A4統一）　　（令5.6）

書きかた等　（開示請求書）

1　「開示請求者」欄には、開示請求者の住所又は居所（所在地）、フリガナ・氏名（名称）、個人番号、生年月日及び被相続人との続柄（長男、長女等）を記入してください。

　　なお、相続税法第21条の17又は第21条の18の規定により相続時精算課税適用者から納税に係る権利又は義務を承継したことにより開示の請求を行った場合において、その承継する者が2名以上いるときは、本開示請求書を連名で提出しなければなりません。この場合は、開示請求者の代表者の方を本開示請求書の「開示請求者」欄に記入し、他の開示請求者の方は開示請求書付表（「相続税法第49条第1項の規定に基づく開示請求書付表」）の「【開示請求者】（開示請求者が2人以上の場合に記入してください。）」欄に記入してください（開示書は代表者に交付することになります。）。

2　「1　開示対象者に関する事項」欄には、贈与税の課税価格の開示を求める方（開示対象者）の住所又は居所（所在地）、過去の住所等、フリガナ・氏名又は名称（氏名については旧姓も記入してください。）、生年月日及び被相続人との続柄（長男、長女等）を記入してください。

　　なお、開示対象者が5名以上いる場合は、5人目以降を開示請求書付表の「1　開示対象者に関する事項（開示対象者が5人以上いる場合に記入してください。）」欄に記入してください。

　　(注)「1　開示対象者に関する事項」欄には、相続又は遺贈（被相続人から取得した財産で相続税法第21条の9第3項の規定の適用を受けるものに係る贈与を含みます。）により財産を取得した全ての方を記入してください（開示請求者を除きます。）。

3　「2　被相続人に関する事項」欄には、被相続人の住所又は居所、過去の住所等、フリガナ・氏名、生年月日及び相続開始年月日（死亡年月日）を記入してください。

4　「3　承継された者(相続時精算課税選択届出者)に関する事項」欄には、相続税法第21条の17又は第21条の18の規定により納税に係る権利又は義務を承継された者の死亡時の住所又は居所、フリガナ・氏名、生年月日、相続開始年月日(死亡年月日)及び「精算課税適用者である旨の記載」欄に相続時精算課税選択届出書を提出した税務署名を記入してください。

5　「4　開示の請求をする理由」欄及び「5　遺産分割に関する事項」欄は、該当する□にレ印を記入してください。

6　「6　添付書類等」欄には、添付している書類の□にレ印を記入してください。なお、添付書類は、開示請求者及び開示対象者が相続等により財産を取得したことを証する書類として、下記のものを提出してください。

　　(1)　全部分割の場合：遺産分割協議書の写し

　　(2)　遺言書がある場合：開示請求者及び開示対象者に関する遺言書の写し

　　(3)　上記以外の場合：開示請求者及び開示対象者に係る戸籍の謄(抄)本

　　　　開示請求者が被相続人を特定贈与者とする相続時精算課税適用者である場合には、「私は、相続時精算課税選択届出書を＿＿＿＿署へ提出しています。」の前の□にレ印を記入するとともに相続時精算課税選択届出書を提出した税務署名を記入してください。

　　　　開示請求者が承継した者である場合には、承継した者全員の戸籍の謄(抄)本も提出してください。

7　「7　開示書の受領方法」欄には、希望される受領方法の□にレ印を記入してください。

　　なお、「直接受領」の場合は、受領時に開示請求者本人又は代理人本人であることを確認するもの（運転免許証など）が必要となります（代理人が「直接受領」をする場合は、開示請求者の委任状も必要となります。）。

　　「送付受領」の場合には、開示請求時に返信用切手、封筒及び住民票の写し等の住所を確認できるものを提出してください。

　　(注)「送付受領」の場合の送付先は、開示請求者本人の住所となります。

8　この請求書の控えを保管する場合においては、その控えには個人番号を記載しない（複写により控えを保管する場合は、個人番号が複写されない措置を講ずる）など、個人番号の取扱いには十分ご注意ください。

Q2-14 令和5年度税制改正への対応⑤（閲覧サービス）

相続税の申告をしようとしたところ、被相続人から受けた過去の相続時精算課税贈与に関する申告書の控えを紛失しており、また、贈与内容についての記憶も明確でありません。

このような場合、どのようにして贈与の内容を確認したらよいでしょうか。

 税務署の閲覧サービスを利用することができます。

解説

相続時精算課税の適用を受けた者や相続開始前7年以内の贈与を受けた者について、それらの贈与に関する申告書控え等が見つからない場合で確認が必要な際は、申告書の閲覧サービスを利用することができます。閲覧時に記録が必要な際は、原則として書き写しですが、デジタルカメラ、スマートフォン、タブレット又は携帯電話など、撮影した写真をその場で確認できる機器であれば使用することも可能となっています（動画は不可）。

なお、代理人が閲覧する場合も含め、手続き等の詳細については、国税庁ホームページを参照ください。

(注) 相続時精算課税の適用を受けた者以外の者や相続開始前7年以内の贈与を受けた者以外の者で相続、遺贈により財産を取得し申告等が必要な者については、贈与税の申告書の開示請求ができます（前問Q2-13参照）。

第3章

相続時精算課税
の改正前後の
共通事例

Q3-1 相続時精算課税の計算方法とその特徴

> 相続時精算課税の計算はどのように行われるのでしょうか。
> また、この制度の特徴等についても教えてください。

A 　相続時精算課税を選択した贈与者ごとに、贈与額から2,500万円(注)の特別控除を控除し、その残額に20％の税率を乗じて贈与税を計算します。

　なお、相続時精算課税を選択した場合、その選択した贈与者からのその後の贈与については、相続時精算課税が適用され暦年課税は適用できません。

(注)　令和６年１月１日以降の贈与については、2,500万円の特別控除の前に相続時精算課税の基礎控除110万円（同年中に複数の贈与者から贈与を受けている場合は**Q2-1**を参照ください。）を控除します。

解説

1　贈与税、相続税の計算のしかた

(1)　贈与税額の計算

　受贈者（子・孫）は、贈与者（親・祖父母）からの贈与財産について、他の贈与財産と区別して、贈与税額を計算します。

　贈与財産の価額の合計額から特別控除額2,500万円（複数年にわたり利用可能。ただし、合計で2,500万円が限度）を控除した後の金額に20％の税率（一律）を乗じて贈与税額を計算します（相法21の12、21の13）。

　なお、相続時精算課税を選択した年以後に贈与者（親・祖父母）から贈与を受けた場合には、暦年課税は適用できません。

〔例〕

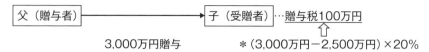

父（贈与者）────────→ 子（受贈者）…贈与税100万円

3,000万円贈与　　　　　＊（3,000万円－2,500万円）×20%

　相続時精算課税を選択した受贈者（子）が、贈与者（親）以外の者から贈与を受けた場合には、暦年課税となりますので基礎控除額(110万円)を控除することができます。

（2）　相続税額の計算

　相続時精算課税を選択した受贈者（子・孫）は、贈与者（親・祖父母）に相続が発生すると、それまでの贈与財産を相続財産に合算して計算した相続税額から、既に支払った本制度についての贈与税額を差し引いて税額を算出します。その際、相続税額より支払った贈与税額が大きい場合は、その差額は還付されます（相法21の14、21の15）。

　| 計算された相続税 | ＞ | 支払済み贈与税 | ⟹ 差額の相続税を納付

　| 計算された相続税 | ＜ | 支払済み贈与税 | ⟹ 差額の贈与税を還付

※支払済みの贈与税は、相続税の前払的な意味合いを持ちます。

（3）　相続財産に合算される贈与財産の価額

　相続財産に合算される相続時精算課税を適用した贈与財産の価額は、贈与時の時価（相続税評価額）となります（相法21の15）。そのため、贈与財産の価額が贈与時点と相続時点で同じであれば、生前贈与していなくても結果的に相続税には影響が出ませんが、相違する場合は影響が生じます。

	贈与時点の 贈与財産評価額	相続時点の 贈与財産評価額	相続税への影響
評価額変更なし	1,000	1,000	なし
評価額上昇	1,000	1,500	合算される生前贈与財産1,000 （相続税負担減少）
評価額下落	1,000	500	合算される生前贈与財産1,000 （相続税負担増加）

2　相続時精算課税の特徴

（1）　贈与者ごとの選択

　本制度は、贈与者ごとに選択が可能です（相法21の9）。例えば、父からの贈与については相続時精算課税、母からの贈与については暦年課税といった選択ができます。

　また、長男が相続時精算課税を選択しても次男が同様に相続時精算課税を選択する必要はなく、各人の任意です。

〔例〕

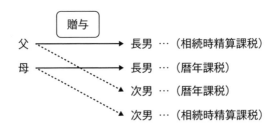

（2）　贈与者、受贈者の条件

　本制度の適用ができるのは、基本的に贈与者は60歳以上の親、祖父母、受贈者は18歳以上の子及び孫です（相法21の9①、措法70の2の6①）。養子も実子と同じ扱いで、その人数に制限はありません（民法809）。

```
（参考）　民法
（嫡出子の身分の取得）
第809条　養子は、縁組の日から、養親の嫡出子の身分を取得する。
```

```
（参考）
　相続時精算課税を適用し祖父母から孫へ贈与した場合、その後、祖父母に相続が開始し相続税の申告をする際は、相続税の2割加算の対象となります。
```

　相続時精算課税は、受贈者である子それぞれが贈与者である父、母ご

とに選択できますが、一度選択すると選択した年以後贈与者が亡くなる時まで継続して適用され、暦年課税に変更することはできません（相法21の9⑥）。

（3）　相続時精算課税の対象財産、贈与回数

贈与財産の種類、金額、贈与回数には、制限はありません。

（4）　贈与財産の物納

相続時精算課税による贈与財産は物納ができません（相法41②）。

なお、暦年課税を適用した場合の相続開始前7年以内の贈与加算される財産は、物納が可能です。

3　適用手続き

相続時精算課税を選択しようとする受贈者（子・孫）は、その選択に係る最初の贈与を受けた年の翌年2月1日から3月15日までの間（贈与税の申告書の提出期間）に納税地の所轄税務署長に対して「相続時精算課税選択届出書」を受贈者の戸籍の謄本などの一定の書類とともに贈与税の申告書に添付して提出する必要があります（相法21の9②）。

Q3-2 暦年課税と相続時精算課税の異同

暦年課税と相続時精算課税を比較し、その異同について教えてください。

A 暦年課税を適用して贈与を受け、7年以内に贈与者に相続が発生した場合、相続時精算課税と一部類似する部分がありますが、それ以外は異なっています。

解説

暦年課税では、贈与財産を相続財産に加算するのは相続開始前7年以内（令和6年以降の贈与）です。これに対し、相続時精算課税は、この制度を選択した後の贈与すべてについて相続財産に加算します。

また、相続財産と合算する贈与財産の価額は、贈与時の時価（相続税評価額）となりますが、これは暦年課税の対象となった相続開始前7年以内の贈与財産の加算制度と同じです。

なお、暦年課税の対象となった相続開始前7年以内の贈与財産の加算制度が、納付した贈与税が相続税を超える場合でも還付されない（納付した贈与税を相続時に精算する趣旨で採られている制度ではないため）のに対し、相続時精算課税では、同様な場合は還付を受けることができます。

両者の異同を表にすると次のようになります。

○暦年課税と相続時精算課税の比較

	暦年課税	相続時精算課税
贈与者	制限なし	親、祖父母
受贈者	制限なし	子、孫
贈与者の年齢	制限なし	60歳以上(注1)
受贈者の年齢	制限なし	18歳以上(注1)
相続時の加算財産	被相続人の相続開始前7年以内に相続人が贈与を受けた財産	制度適用後の贈与財産(注2)
贈与財産の評価	贈与時の時価(相続税評価額)	贈与時の時価(相続税評価額)
相続税<贈与税の場合	差額分は還付されない	差額分は還付される
贈与財産からの債務控除	不可	可
物納	可	不可

（注1）　贈与の年の1月1日現在で判定します。
（注2）　令和6年1月1日以降の贈与財産については基礎控除後の価額

Q3-3 両親から贈与を受けた場合の相続時精算課税の適用

　両親から贈与を受けた場合には、相続時精算課税の適用はどのようになるのでしょうか。

 　父と母のそれぞれの贈与について、相続時精算課税の適用ができます。

解説

　相続時精算課税は、贈与者ごとに選択が可能です（相法21の９①）。

　例えば、父母ともに相続時精算課税を適用することも可能ですし、父からの贈与については相続時精算課税、母からの贈与については暦年課税といった選択ができます。

　また、長男が父からの贈与について相続時精算課税を選択しても、次男が同様に父からの贈与について相続時精算課税を選択する必要はなく、各人の任意です。

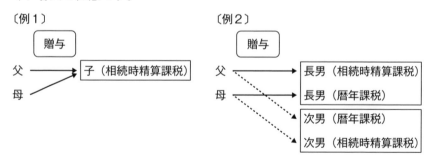

Q3-4 相続時精算課税の期限後申告の可否

甲は昨年、父から現金で500万円の贈与を受けました。本来であれば、本年の確定申告の時期に申告しなければならないところ、失念しそのままになってしまいました。これから贈与税の申告を行う予定ですが、その際、相続時精算課税を選択適用して申告することは可能でしょうか。

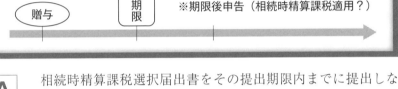

A 相続時精算課税選択届出書をその提出期限内までに提出しなかった場合には、相続時精算課税の適用を受けることはできません（暦年課税となります。）ので注意してください（相法21の9②）。

解説

相続税法基本通達21の9－3では、「贈与により取得した財産について、相続時精算課税の適用を受けようとする者は、その年分の贈与税の申告書の提出を要しない場合であっても、（…）相続時精算課税選択届出書をその提出期限までに提出する必要があることに留意する。なお、<u>相続時精算課税選択届出書をその提出期限までに提出しなかった場合には、相続時精算課税の適用を受けることはできないことに留意する。</u>」（下線筆者）と規定しています。

また、同通達の注書にもあるように提出期限までに相続時精算課税選択届出書が提出されなかった場合における、ゆうじょ規定は設けられていません。

Q3-5 相続時精算課税を適用した者が相続を放棄した場合

　父の相続に当たり、甲は相続放棄をすることとしました。ただ、以前に相続時精算課税の適用を受けて2,000万円の財産を取得しています。相続税の計算はどのようになるのでしょうか。

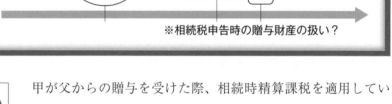

A　甲が父からの贈与を受けた際、相続時精算課税を適用している財産については、父の相続税の計算上、相続財産に合算されます。

解説

　民法第939条では、「相続の放棄をした者は、その相続に関しては、初めから相続人とならなかったものとみなす」としていますが、相続税法上では、相続人である者が相続放棄しても、推定相続人の地位に基づいて贈与を受け相続時精算課税の適用を受けていることから、これらの贈与により取得した財産は相続により取得したものとみなして課税されます（相法21の16）。これは、相続時精算課税の適用を選択した者が、相続放棄をすることで相続税の負担を故意に免れることを回避するためと考えられます。

Q3-6 受贈者が贈与者の相続開始前に死亡した場合（相続税の納税義務の承継）

平成20年12月に甲は、父親から5,000万円の現金贈与を受けました。その際、相続時精算課税を適用し贈与税の申告を行い500万円の納税をしました。

令和4年6月に甲が死亡し、令和5年4月に父親が死亡しました。このような場合、父親の相続税の申告についてはどのようになるのでしょうか。

なお、甲の相続人は子A、子B、子Cの3人です。

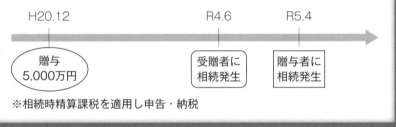

※相続時精算課税を適用し申告・納税

A 受贈者（甲）の相続時精算課税の適用に伴う納税に係る権利義務は受贈者の相続人が承継することになります。相続人は3人ですので、3分の1ずつ承継することとなります。

解説

1　権利義務の承継（イメージ）

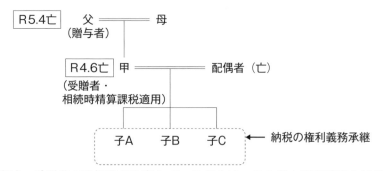

（注）　受贈者の配偶者が生存している場合は、その者も権利義務を承継します。

2　納税の権利義務の承継

　特定贈与者の死亡以前にその特定贈与者に係る相続時精算課税適用者が死亡した場合には、その相続時精算課税適用者の相続人（包括受遺者を含み、その特定贈与者を除きます。）は、その相続時精算課税適用者が有していた相続時精算課税の適用を受けていたことに伴う納税に係る権利又は義務（以下「相続時精算課税の適用に伴う権利義務」といいます。）を承継します。

　この場合、相続時精算課税適用者の相続人（包括受遺者を含み、その特定贈与者を除きます。）が２人以上いる場合の各相続人が承継する相続時精算課税の適用に伴う権利義務の割合は、民法第900条から第902条まで（法定相続分・代襲相続分・指定相続分）に規定する相続分（その特定贈与者がいないものとして計算した相続分）によります（相法21の17①③、相令５の４③、５の５）。

　そのため、本問のケースでは、贈与者から見れば孫である子A、子B、子Cが法定相続分の３分の１づつ権利義務を承継することになります。

3 相続時精算課税適用者の死亡時の取扱い（債務控除）

　相続時精算課税適用者が死亡した後にその特定贈与者が死亡した場合には、相続時精算課税適用者の相続人（包括受遺者を含み、その特定贈与者を除きます。）が、その相続時精算課税適用者に代わって、特定贈与者の死亡に係る相続税の申告をすることとなります。しかし、その申告をするまでは、納付すべき税額が算出されるか、あるいは還付を受けることができる税額が算出されるかが明らかでないことから、相続時精算課税適用者の死亡に係る相続税額の計算においては、この相続時精算課税の適用に伴う納税に係る義務は、当該相続時精算課税適用者の死亡に係る相続税の課税価格の計算上、債務控除の対象とはなりません。

Q3-7 相続時精算課税適用者の相続人が特定贈与者である父母のみの場合

長男は、令和４年８月に父母から財産の贈与を受け、父母それぞれからの贈与について相続時精算課税の適用を受けていました。長男は結婚しておらずの相続人は特定贈与者である父母だけですが、仮に長男が特定贈与者である父母よりも先に死亡した場合、長男の納税に係る権利義務は承継されず消滅するのでしょうか。

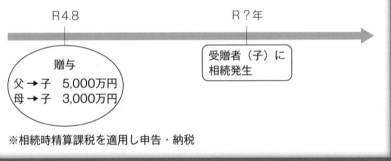

R4.8

R？年

贈与
父 → 子　5,000万円
母 → 子　3,000万円

受贈者（子）に相続発生

※相続時精算課税を適用し申告・納税

　特定贈与者は、受贈者が相続時精算課税を適用したことによる権利義務は承継しません。

そのため、父から贈与を受けたことに伴う納税の権利義務は、長男の相続人である母が承継します。また、母から贈与を受けたことによる納税の権利義務は、長男の相続人である父が承継することになります。

（参考）

相続時精算課税適用者の相続人が特定贈与者のみである場合には、相続時精算課税の適用に伴う権利義務はその特定贈与者及び相続時精算課税適用者の民法第889条の規定による後順位の相続人となる者（被相続人の直系尊属及び兄弟姉妹）には承継されず消滅することになります（相

基通21の17－3）。

解説

1　権利義務の承継（イメージ）

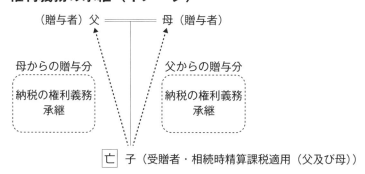

2　納税の権利義務の承継

　特定贈与者の死亡以前にその特定贈与者に係る相続時精算課税適用者が死亡した場合には、その相続時精算課税適用者の相続人（包括受遺者を含み、その特定贈与者を除きます。）は、その相続時精算課税適用者が有していた相続時精算課税の適用を受けていたことに伴う納税に係る権利又は義務を承継します。

　この場合、相続時精算課税適用者の相続人が承継する還付を受ける税額又は納税する税額については、遺産分割にかかわらず民法第900条から第902条までに規定する相続分（相続時精算課税適用者の相続人のうちに特定贈与者がある場合には、当該特定贈与者がないものとして相続分を計算します。）により按分した金額とされています。

　したがって、特定贈与者である父から贈与を受けたことに伴う納税に係る権利義務は、長男の相続人である母が承継し、また、特定贈与者である母から贈与を受けたことに伴う納税に係る権利義務は、長男の相続人である父が承継することとなります（相法21の17③、相令5の5）。

Q3-8　相続時精算課税を適用後、贈与者が死亡した場合の相続税の計算

　相続時精算課税を適用した後に、贈与者である父が死亡しました。相続により取得した財産及び相続時精算課税で贈与を受けた財産は下記のとおりです。このような場合、相続税の計算はどのようになるのでしょうか。

（単位：千円）

相続人	法定相続分	相続により取得した財産の価額	贈与により取得した財産の価額（相続時精算課税適用）(注)	贈与税額（相続時精算課税適用分）
長男	$\frac{1}{4}$	170,000	50,000	5,000
長女	$\frac{1}{4}$	40,000	50,000	5,000
次男	$\frac{1}{4}$	10,000	20,000	0
次女	$\frac{1}{4}$	30,000	0	0

（注）　贈与時の時価（相続税評価額）です。また、令和6年以降の贈与の場合は110万円の相続時精算課税の基礎控除額を控除した残額であるとします。

A　相続した財産に相続時精算課税を適用した財産を加算し相続税を算定します。算定された相続税額から納付済みの贈与税額を控除し納付すべき相続税額を算出します。

解説

（1）　課税価格の計算

長男　　170,000千円 + 50,000千円 = 220,000千円

長女　　　40,000千円 + 50,000千円 =　90,000千円

次男　　　10,000千円 + 20,000千円 =　30,000千円

次女　　　30,000千円 +　　　0　円 =　30,000千円

　　　　　　課税価格の合計　　　　　　370,000千円

（2）　課税遺産総額

370,000千円 -（30,000千円 + 6,000千円 × 4 人）= 316,000千円
　　　　　　　〔基　　礎　　控　　除　　額〕

（3）　相続税の総額

$316,000千円 × \dfrac{1}{4} = 79,000千円$ …… 1 人当たりの課税対象

79,000千円 × 30％（税率）- 7,000千円 = 16,700千円

16,700千円 × 4 人 = 66,800千円

（4）　各人の相続税額

長男……66,800千円 × 220,000千円／370,000千円 = 39,718千円

長女……66,800千円 ×　90,000千円／370,000千円 = 16,248千円

次男……66,800千円 ×　30,000千円／370,000千円 =　5,416千円

次女……66,800千円 ×　30,000千円／370,000千円 =　5,416千円

（注）　表示上、各人の相続税額は端数を切り捨てています。

（5）　納付すべき相続税額

長男……39,718千円 - 5,000千円 = 34,718千円

長女……16,248千円 - 5,000千円 = 11,248千円

次男……　5,416千円 -　　0　円 =　5,416千円

次女……　5,416千円 -　　0　円 =　5,416千円

（注）　相続税率については**Q1-1**を参照してください。

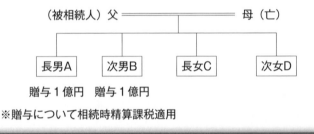

Q3-9 **相続財産が未分割の場合の課税価格（相続時精算課税適用財産がある場合）**

　父の死亡に伴い、その相続人である子（長男Ａ、次男Ｂ、長女Ｃ、次女Ｄ）がその財産を相続することとなりましたが、遺産分割協議がまだ成立していません。

　父の財産は６億円ですが、相続人Ａ及びＢについては、生前、父からそれぞれ生計の資本として１億円の贈与（特別受益）を受け、いずれも相続時精算課税の適用を受けています。この場合の各人の相続税の課税価格はどうなりますか。

（被相続人）父 ＝＝＝＝ 母（亡）

| 長男Ａ | 次男Ｂ | 長女Ｃ | 次女Ｄ |

贈与１億円　贈与１億円
※贈与について相続時精算課税適用

A　長男、次男、長女、次女の各課税価格は２億円となります。

解説

　相続税法第55条では、共同相続人又は包括受遺者間において相続又は遺贈により取得した財産の分割が確定していないときには、その分割されていない財産については、各共同相続人又は包括受遺者が民法（第904条の２（寄与分）を除く。）の規定による相続分又は包括遺贈の割合に従って取得したものとして各共同相続人又は包括受遺者の課税価格を計算することと規定しています（相法55、21の15、21の16）。

　そのため、相続人A及びBが贈与を受けた相続時精算課税適用財産は、民法第903条（特別受益者の相続分）第1項に規定する「婚姻若しくは養子縁組のため若しくは生計の資本として」の贈与であることから、以下のとおり、各共同相続人の課税価格を計算することとなります。

　A……（6億円＋1億円×2人）×1／4－1億円(特別受益)＝1億円
　　　　　1億円＋1億円(相続時精算課税適用財産)＝2億円
　B……（6億円＋1億円×2人）×1／4－1億円(特別受益)＝1億円
　　　　　1億円＋1億円(相続時精算課税適用財産)＝2億円
　C……（6億円＋1億円×2人）×1／4－0(特別受益ゼロ)＝2億円
　D……（6億円＋1億円×2人）×1／4－0(特別受益ゼロ)＝2億円

Q3-10 相続時精算課税における贈与税額の還付

　甲は平成30年に父から現金の贈与を受け、相続時精算課税の適用をしています。

　令和５年４月に父が死亡し相続税の計算をしてみたところ、小規模宅地等の特例を適用すると相続税は発生しませんでした。平成30年の贈与は3,500万円で贈与税を200万円納付しています。このような場合、納付済みの贈与税の還付は受けられるでしょうか。

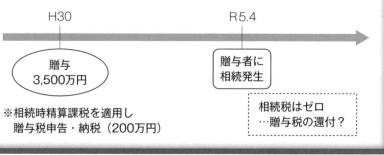

　H30　　　　　　　　　　　　　　　　　　R5.4

贈与
3,500万円

贈与者に
相続発生

※相続時精算課税を適用し
　贈与税申告・納税（200万円）

相続税はゼロ
…贈与税の還付？

A　本問の贈与税（200万円）については、還付を受けることができます。

解説

　相続時精算課税の適用を受ける財産に係る贈与税の税額に相当する金額を相続税額から控除してもなお、その控除しきれなかった金額に相当する税額の還付を受けるため、相続税の申告書を提出することができます（相法27③、33の２①）。

　なお、還付を受けるための相続税の申告書は、特定贈与者に係る相続開始の日の翌日から起算して５年を経過する日まで提出することができます（通則法74①）。

Q3-11 養子である場合の相続時精算課税の適用

　甲は義父母と養子縁組しています。この度、この義父から土地及び建物の贈与を受けることとなりました。その際、相続時精算課税の適用は可能でしょうか。

　義父は現在70歳、甲は38歳です。

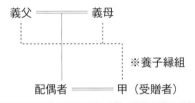

A 相続時精算課税を適用できます。

解説

　相続時精算課税の適用を受けることができる者は、次のとおりです（相法21の9①、措法70の2の6①）。

(1)　受贈者については、贈与者の推定相続人（直系卑属）及び孫で、かつ贈与を受けた年の1月1日において18歳以上である者

(2)　贈与者については、贈与をした年の1月1日において60歳以上である者

　受贈者である甲も贈与者である義父も年齢要件を満たしています。また、甲と義父は養子縁組をしているため、甲は贈与者である義父の推定相続人である直系卑属（子）に該当します。したがって、相続時精算課税を適用できます。

参考：民法

（嫡出子の身分の取得）

第809条　養子は、縁組の日から、養親の嫡出子の身分を取得する。

Q3-12 養子縁組の前後で贈与がある場合

　甲は、本年6月に甥と養子縁組し、7月に所有する土地の一部を贈与しました。また、本年1月にもこの甥に現金を贈与しています。

　このように養子縁組前の贈与と養子縁組後の贈与がある場合、相続時精算課税の適用はどのようになるのでしょうか。

　なお、甲の年齢は68歳、甥は30歳です。

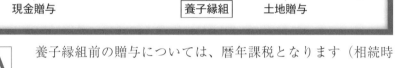

| 1月 | 6月 | 7月 |
| 現金贈与 | 養子縁組 | 土地贈与 |

A　養子縁組前の贈与については、暦年課税となります（相続時精算課税は適用できません。）。養子縁組後の贈与については、相続時精算課税を適用することができます（相法21の9④）。

解説

　養子縁組により甥は甲の推定相続人になるため、その後の贈与については、相続時精算課税の対象となります（相法21の9①）。

　また、贈与者である甲は、贈与の年の1月1日現在で60歳以上であり、受贈者である甥についても贈与を受けた年の1月1日現在で18歳以上ですので要件を満たすことになります。

　結果として、贈与者の推定相続人となる前の贈与については、暦年課税により贈与税額を計算し、それ以後の贈与については、相続時精算課税により贈与税額を計算することとなります。なお、暦年課税の適用を受ける贈与の計算に当たっては、基礎控除（110万円）の適用があります。

Q3-13 代襲相続人である孫に贈与する場合

　甲は現在75歳ですが、子は既に死亡しています。そのため、孫（子の代襲相続人）に現金を贈与しようと考えていますが、相続時精算課税の適用は可能でしょうか。

　なお、孫の年齢は15歳です。

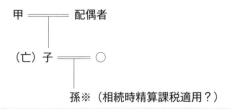

A 　子の代襲相続人に対する贈与についても相続時精算課税の適用は可能です（相法21の9①）。ただ、本問のケースでは、受贈者の年齢要件を満たしていないので適用できません。

解説

　相続時精算課税では、贈与者の子が贈与者より先に死亡した場合には、代襲相続人である孫も適用可能となります。

　また、平成27年1月1日以後の贈与については、孫（代襲相続人ではない孫）についても適用対象となりました（措法70の2の6①）。

　ただ、相続時精算課税において、受贈者は贈与を受ける年の1月1日において18歳以上の者とされています。

　そのため、本問のケースでは、代襲相続人である孫が18歳未満ですので、適用を受けることができません。

Q3-14 養子縁組をした孫が相続時精算課税を適用した場合の相続税の2割加算

　孫は、祖父である甲から贈与を受けた財産について相続時精算課税の適用を受けていました。この場合、甲の相続税の計算において相続税の課税価格に算入される相続時精算課税適用財産について、相続税額の2割加算の規定は適用されるでしょうか。

（注）　孫は10年前に祖父と養子縁組しています。

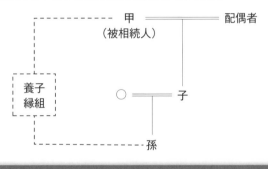

A 相続税の2割加算の規定は適用されます。

解説

　相続時精算課税適用者である孫は、甲の直系卑属であり、かつ、養子に当たる者ですから、相続時精算課税適用財産について相続税額の2割加算の規定が適用されます。

　なお、この場合において、孫の直系尊属（本問では子）が甲の死亡前に死亡し、又は相続権を失ったため、孫が代襲して甲の相続人となっている場合には、相続税額の2割加算の規定は適用されません（相法18）。

Q3-15 親からの贈与について複数年で相続時精算課税を適用する場合の贈与税の計算

　甲は、父から父が経営する会社（非上場）の株式の贈与を受けたいと考えています。その際、相続時精算課税を適用する予定ですが、仮に次のような贈与を受けた場合、贈与税の計算はどのようになるのでしょうか。

○　令和６年中……2,000万円（株式の評価額）

○　令和７年中……1,500万円（株式の評価額）

　令和６年中の贈与税はゼロ、令和７年中の贈与税は156万円となります。

解説

1　贈与税の計算方法

　特定贈与者[注]からの贈与によって取得した財産について、その特定贈与者ごとにその年中に贈与を受けた財産の額を合計し基礎控除額110万円（同年中に複数の特定贈与者からの贈与があった場合は合計で110万円）を控除します。それを贈与税の課税価格とし、そこから次に掲げる金額のうちいずれか低い金額を控除します（相法21の10、21の12①）。

　(注)　相続時精算課税選択届出書に記載された贈与者をいいます。

①　2,500万円（特別控除額）

　　なお、既に特別控除額を適用した金額がある場合は、その金額を控除した残額。

②　特定贈与者ごとの贈与税の課税価格

特別控除は、期限内申告書に特別控除を受ける金額、その他の必要事

項の記載がある場合に限り適用があります（相法21の12②）。

　また、贈与税の課税価格（特別控除を控除した金額）に20％の税率を乗じて贈与税額を計算します（相法21の13）。

2　本事例の贈与税の計算

○令和6年分

　2,000万円－110万円（基礎控除額）－1,890万円（特別控除額）＝0円

　贈与税＝0円

○令和7年分

　1,500万円－110万円（基礎控除額）－610万円（特別控除額）[※]＝780万円

　780万円×20％＝156万円（贈与税額）

　※特別控除額の計算

　　2,500万円－1,890万円（令和6年の特別控除額）＜1,390万円（課税価格）

　　よって特別控除額は610万円となります。

Q3-16 同一年中に父母からの贈与について相続時精算課税を適用する場合の贈与税の計算

甲は令和６年３月に父から3,000万円、母から1,000万円の現金贈与を受けました。これらの贈与について相続時精算課税の適用を受けようとした場合、贈与税の計算はどのようになりますか。

○　父からの贈与（3,000万円）　┐
　　　　　　　　　　　　　　　├　どちらも相続時精算課税適用
○　母からの贈与（1,000万円）　┘

 父からの贈与についての贈与税は83.5万円、母からの贈与についての贈与税はゼロとなります。

解説

相続時精算課税の選択は贈与者ごとに行い、各々贈与税を計算します。贈与税の計算は下記のとおりです。なお、基礎控除額は按分して計算します（詳しくは**Q2-1**参照。）。

（1）　父から贈与を受けた財産の贈与税額の計算

3,000万円－82.5万円（基礎控除額）[注]－2,500万円（特別控除額）＝417.5万円

贈与税額＝417.5万円×20％（税率）＝83.5万円……①

（注）　110万円×3,000万円／（3,000万円＋1,000万円）

（2）　母から贈与を受けた財産の贈与税の計算

1,000万円－27.5万円（基礎控除額）[注]－972.5万円（特別控除額）＝０円

贈与税額＝０円……②

（注）　110万円×1,000万円／（3,000万円＋1,000万円）

（3）　納付すべき贈与税額

①83.5万円＋②0円＝83.5万円

Q3-17　父からの贈与は相続時精算課税、母からの贈与は暦年課税を適用する場合の贈与税の計算

> 甲は、令和６年４月に父から3,000万円の土地の贈与を受け、５月に母から500万円の贈与を受けました。父からの贈与は相続時精算課税の適用を受け、母からの贈与は相続時精算課税の適用はしない予定です。この場合の贈与税の計算はどのようになるでしょうか。
>
> なお、両親の年齢はともに65歳、甲の年齢は30歳です。

A　父からの贈与についての贈与税は78万円、母からの贈与については、48.5万円となります。

解説

（１）　父からの贈与を受けた財産の贈与税額の計算

3,000万円－110万円（精算課税・基礎控除額）－2,500万円（特別控除額）＝390万円

390万円×20％（税率・一定）＝78万円（贈与税額）……①

（２）　母から贈与を受けた財産の贈与税額の計算

500万円－110万円（暦年課税・基礎控除額）＝390万円

390万円×15％（特例税率・累進）－10万円＝48.5万円（贈与税額）……②

※特例税率については、**Q1-1**を参照してください。

（3） 納付すべき贈与税額

①78万円＋②48.5万円＝126.5万円

Q3-18 相続時精算課税適用年度以後の年分に関する贈与税の申告

本年の父からの贈与について相続時精算課税を適用して申告する場合、来年以降、父からの贈与を受けた場合の申告はどのようになるでしょうか。

 来年以降、父から贈与を受けた場合の申告は、本年に引き続き相続時精算課税を適用したものとなります。

解説

相続時精算課税の適用を受けようとする場合、受贈者は贈与を受けた財産の贈与税の申告期限内に「相続時精算課税選択届出書」及び必要書類を贈与税の申告書に添付して、所轄の税務署長に提出する必要があります（相法21の９②、相令５①、相規10、11）。

特定贈与者（「相続時精算課税選択届出書」に記載されている贈与者）からの贈与によって取得する財産については、その届出をした年分以降、相続時精算課税を適用することになります[注]。

(注) 届出をした翌年以降は、届出を提出する必要はありません（相法21の９③）。

一度提出された届出書は、撤回することはできません（相法21の９⑥）。

Q3-19　父からの贈与（相続時精算課税適用）と同時に母から110万円の贈与（暦年課税）を受けた場合の申告

甲は、令和5年に父から2,000万円の不動産の贈与を受け、相続時精算課税を適用し申告しました。また、令和6年に父から500万円の現金贈与を受け、これとは別に母から110万円の現金贈与を受けていますが、贈与税の申告はどのように行えばよいでしょうか。

なお、母からの贈与については、相続時精算課税を適用する予定はありません。

A　父からの現金贈与については、相続時精算課税を適用し申告することになります。また、母からの現金贈与については、基礎控除以内のため贈与税はかかりませんが、申告書（暦年課税記載分）には記載する必要があります。

解説

相続時精算課税を一度選択すると、特定贈与者（本問では父）からの贈与については、引き続き相続時精算課税が適用されます。そのため、父からの贈与については相続時精算課税を適用し申告する必要があります。

令和5年に2,000万円の贈与を受け、更に令和6年に500万円の贈与を受けていますが、相続時精算課税の基礎控除（110万円）及び特別控除の残り（500万円）を使えば贈与税は発生しません。ただし、申告は必要になります。

一方、母からの贈与については、暦年課税が適用になり、暦年課税の

基礎控除（110万円）の範囲内ですので贈与税はかかりません。

　ここで、申告書への記載ですが、相続時精算課税の適用を受ける財産（父からの贈与分）がある場合、暦年課税の財産（母からの贈与分）の価額が基礎控除額以下であっても申告書に記載する必要があります（相法28①）。

Q3-20 相続財産に合算される贈与財産の評価時期

甲は父から相続時精算課税を利用して土地の贈与を受けました。相続開始時には土地の価額は変わっていると思いますが、土地が値下がりしていた場合、また、値上がりしていた場合、将来の相続税の申告の際はどのようになるのでしょうか。

贈与時の時価 （相続税評価額） 2,000		相続時の時価 （相続税評価額） 1,000／2,000／3,000

A 相続税の申告の際、相続財産と合算される受贈財産の価額は、贈与を受けた時の土地の時価（相続税評価額）になります（相法21の15①）。

解説

　相続財産に合算される相続時精算課税を適用した贈与財産の価額は、贈与時の時価（相続税評価額）となります。そのため、贈与財産の価額が贈与時点と相続時点で同じであれば、生前に贈与していなくても結果的に相続税に影響が出ませんが、相違する場合には影響が生じます。つまり、贈与時よりも相続時に評価額が上昇していれば結果として相続税の負担は減少します。一方、贈与時よりも相続時に評価額が減少していれば、結果として相続税の負担は増加します。

	贈与時点の評価額	相続時点の評価額	相続税への影響
評価額が同じ	2,000	2,000	なし
評価額が上昇	2,000	3,000	合算される贈与財産2,000（差額1,000の分に対応する相続税負担減少）
評価額が減少	2,000	1,000	合算される贈与財産2,000（差額1,000の分に対応する相続税負担増加）

Q3-21 贈与財産の譲渡等をして相続開始時に所有していない場合の相続税評価額

甲は、相続時精算課税を適用して父から贈与を受けた上場株式を、父の相続開始期までに譲渡してしまい、現在では手元にわずかな預金しか残っていません。このような場合でも、相続税は贈与時の時価で課税するのでしょうか。

A 　相続時精算課税を選択し適用した場合、仮に贈与を受けた上場株式を譲渡して相続時に手元になくても、贈与時の株式価額で相続財産に加算され、相続税の計算を行うことになります（相法21の15①）。

解説

　相続時精算課税制度は、贈与財産そのものを相続財産に合算するのではなく、贈与を受けた財産の価額を相続財産に合算する規定になっています。そのため、相続開始時に贈与財産を所有しているか否か、贈与財産の価額に変動があるか否かに関係なく、贈与時の時価（相続税評価額）で相続財産と合算して相続税を計算します。

　そのため、贈与財産が他の財産に変わっていたとしても、贈与財産の贈与時の時価（相続税評価額）を相続財産に合算して相続税を計算します。

Q3-22   相続時精算課税適用後に推定相続人でなくなった場合

甲は、叔母と養子縁組をしています。令和６年３月にその叔母から土地の贈与を受けたので、相続時精算課税を適用したいと考えています。将来、仮にこの叔母と養子縁組を解消した場合、叔母に相続が発生した際の相続税の申告はどうなるのでしょうか。

また、養子縁組の解消後に、その叔母から再び贈与を受けた場合には、暦年課税でよいのでしょうか。

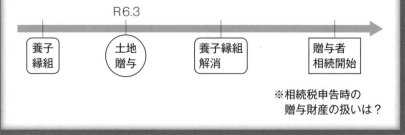

A   甲が叔母からの贈与を受けた際、相続時精算課税を適用した財産については、叔母の相続税の計算上、相続財産に合算されます。養子縁組解消には影響されません。

つまり、養子縁組を解消したとしても、推定相続人の地位に基づいて贈与を受け相続時精算課税の適用を受けていることから、これらの贈与により取得した財産は相続により取得したものとみなして課税されます。

また、相続時精算課税選択届出書を税務署長に提出した年分、つまり令和６年以降にする贈与はすべて相続時精算課税の適用を受けます。

| 解説 |

　養子縁組を解消した場合、贈与者の推定相続人ではなくなりますが、相続時精算課税の適用関係はその後も継続することになります。そのため、贈与者の相続開始時においてその相続人でなかったとしても、その贈与者から相続時精算課税の適用を受けた贈与財産については、相続税の課税対象となり、相続税の申告が必要です（相法1の3①五、21の9⑤、21の15、21の16）。

　また、特定贈与者（「相続時精算課税選択届出書」に記載された贈与者）から贈与を受けた場合、その届出書に係る年分以降、すべて相続時精算課税の適用を受けることになります。

　つまり、相続時精算課税を適用すると、仮に養子縁組の解消等、特定贈与者の推定相続人でなくなった場合においても、その後その特定贈与者から贈与により取得する財産は、引き続き相続時精算課税を適用する規定になっています（相法21の9③⑤）。

Q3-23 期限後申告になったことによる特別控除額の翌年以降への繰越し

甲は令和３年に相続時精算課税を適用して父から1,500万円の現金贈与を受けました。また、令和５年に父から再度、500万円の現金贈与を受けたのですが、贈与税の申告を失念していました。そのため、これから令和５年分についての期限後申告をするのですが、2,500万円から適用済みの1,500万円を差し引いた特別控除の残額については適用することができないと聞きました。

このような場合、特別控除の残額は翌年以降に繰り越すことができるのでしょうか。

A 相続時精算課税の特別控除は、期限内申告書に控除を受ける金額その他必要な事項の記載がある場合に限り適用を受けることができることとされています（相法21の12②）。

なお、適用済みの1,500万円を差し引いた特別控除額1,000万円について、翌年以降に繰り越すことができます。

解説

相続時精算課税に係る贈与税の特別控除は、贈与税の課税価額から特定贈与者ごとに各年にわたり2,500万円までを限度（累積）として控除

することができると規定されています。

　ここで、相続税法第21条の12第1項第1号かっこ書において「既にこの条の規定の適用を受けて控除した金額がある場合には、その金額の合計額を控除した残額」と規定され、翌年以降、特定贈与者から財産の贈与を受けた場合の贈与税の計算は、翌年以降において適用を受けなかった金額を含めて計算することとされています。

　そのため、期限後申告になったことにより適用を受けなかった特別控除の額は、翌年以降に繰り越すことができます。

Q3-24 相続時精算課税適用財産について評価誤り等が判明し修正申告を行う場合の特別控除の適用可否

　特定贈与者から贈与を受け贈与税の申告をした後に、贈与を受けた財産に評価誤りがあった場合や申告漏れ財産があった場合等で贈与税の課税価格が増加することも考えられます。

　このような場合、修正申告により増加する課税価格についても、相続時精算課税に係る贈与税の特別控除の適用を受けることはできるでしょうか。

A　申告漏れ財産については特別控除の適用はできません。評価誤りのあった財産については適用できます。

解説

　相続時精算課税の特別控除は、期限内申告書に控除を受ける金額その他必要な事項の記載がある場合に限り適用を受けることができることとされています。

　また、相続時精算課税の適用を受ける財産について上記事項の記載がない贈与税の期限内申告書の提出があった場合において、その記載がなかったことについてやむを得ない事情があると税務署長が認めるときには、その記載をした書類の提出があった場合に限り、特別控除の適用を

受けることができることとされています。

　そのため、申告期限後に申告漏れ財産を把握した場合には、期限内申告書に特別控除適用を受けようとする財産としてその申告漏れ財産の記載がないことから、特別控除の適用を受けることはできません（相法21の12②③）。したがって、本問のケースでは現金200万円については、特別控除の適用を受けることはできません。

　一方、申告した財産について評価誤りがあった場合には、期限内申告書に特別控除を受けようとする財産として既に記載があることから、正しい控除を受ける金額の記載がなかったことについてやむを得ない事情があると税務署長が認める場合には、正しい控除額を記載した修正申告書の提出があったときに限り、修正申告により増加する課税価格についても特別控除の適用を受けることができます（相基通21の12－1）。そのため、本問のケースでは、一般的には、土地の評価額の増額分300万円については、特別控除の適用を受けることができるものと考えられます。

Q3-25 相続税調査で相続時精算課税適用財産について申告漏れ等が判明した場合①（贈与税の更正期限内）

　甲は父から平成25年に2,000万円の土地の贈与を受け、その際、相続時精算課税を選択しました。令和５年３月に父が死亡しましたが、実は令和２年に父から500万円の現金贈与を受けていました。相続時精算課税の特別控除額が2,500万円であることから、その500万円は申告を漏れてしまい、相続税の申告に当たってもその500万円を相続財産に加算せずに申告してしまいました。

　このような場合、修正申告が必要になるのでしょうか。

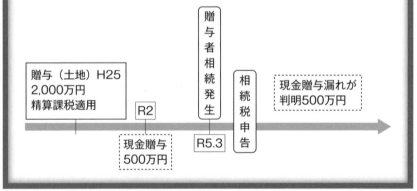

A　贈与税の期限後申告を行うことが必要です。また、相続税については500万円が加算されるため修正申告が必要となります。

解説

　相続税の課税価格に加算される財産の価額とは、贈与税の期限内申告書に記載された課税価格ではなく、当該贈与税の課税価格計算の基礎に算入される当該財産に係る贈与の時における価額と解される（相法21の

15①、相基通21の15−1、21の15−2）ことになります。

　そのため、贈与税が無申告であれば、まずは期限後申告により是正し、当該是正された後の当該財産に係る贈与の時における価額が相続税の課税価格に加算される財産の価額となります。そして相続税の修正申告を行うことになります。

Q3-26 相続税調査で相続時精算課税適用財産について申告漏れ等が判明した場合②（贈与税の更正期限後）

　甲は父から平成25年に2,000万円の土地の贈与を受け、その際、相続時精算課税を選択しました。令和5年の3月に父が死亡しましたが、実は平成27年（相続開始の8年前）に父から500万円の現金贈与を受けていました。相続時精算課税の特別控除額が2,500万円であることから、その500万円は申告を漏れてしまい、相続税の申告に当たってもその500万円を相続財産に加算せずに申告してしまいました。

　このような場合、修正申告が必要になるのでしょうか。

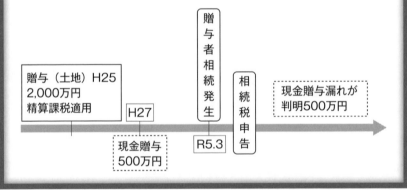

A　贈与税の申告については、贈与税の申告期限から6年以上経過していることから行うことはできません。しかし、相続時精算課税適用後は、贈与税の申告とは関係なく贈与財産が相続財産に加算されることとなります。そのため、相続税については500万円が加算されるため修正申告が必要となります。

解説

　相続税の課税価格に加算される財産の価額とは、贈与税の期限内申告書に記載された課税価格ではなく、当該贈与税の課税価格計算の基礎に算入される当該財産に係る贈与の時における価額と解される（相法21の15①、相基通21の15－1、21の15－2）ことになります。

　また、更正（増額又は減額）・決定をすることができなくなった期間後に贈与財産の申告漏れがあったことが判明した場合には、当該贈与税については更正・決定をすることはできませんが、当該申告漏れを是正した後の当該財産に係る贈与の時における価額が相続税の課税価格に加算される財産の価額となります。

　なお、この場合、相続税額から控除される贈与税相当額は、課せられた贈与税相当額となります（相法21の15③）。本問のケースでは、贈与税は課されておりませんので、控除はありません。

Q3-27 贈与を受けた同年中に贈与者に相続が発生した場合（相続時精算課税適用の可否）

甲は令和4年2月1日に父から2,500万円の現金贈与を受けていますが、4月10日に父が死亡しました。この場合、相続時精算課税は適用することはできないのでしょうか。

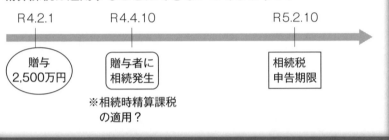

A　甲は相続税の申告書の提出期限（令和5年2月10日）までに相続税の納税地（父の住所地）の所轄税務署長に「相続時精算課税選択届出書」及び必要書類を提出した場合には、相続時精算課税の適用を受けることが可能です。

解説

　贈与を受け、その後、同年中に贈与者に相続が発生した場合、受贈者は下記①又は②のいずれか早い日までに「相続時精算課税選択届出書」を贈与者の相続税の納税地の所轄税務署長に提出すれば相続時精算課税を適用できます（相令5③④）。

①　贈与税の申告書の提出期限

②　贈与者の相続税の申告書の提出期限

　（注）　相続税の課税価格（贈与を受けた財産の贈与時における価額と相続財産の価額の合計額）が基礎控除に満たない場合など、相続税の申告

　書を提出する必要がない場合であっても、相続時精算課税の適用を受けるためには、この届出書をその贈与者の死亡に係る相続税の納税地の所轄税務署長に提出する必要があります。

Q3-28 贈与財産について遺留分侵害額の請求を受けた場合

甲は平成25年に父から土地の贈与を受け、相続時精算課税を適用して贈与税の申告を行いました。令和4年6月に父が死亡し、その後、姉からこの贈与を受けた土地について遺留分の侵害額請求がありましたが、相続税の申告は遺留分の侵害額請求がないものとして行いました。

この度、この請求により返還金額が確定しました。このような場合、どのようになるのでしょうか。

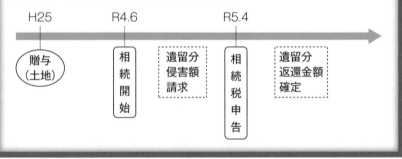

 贈与を受けた財産の価額から次ページ算式により求めた価額を控除したところで減額更正されます。

解説

相続税法は、遺留分侵害額の請求に基づき支払うべき金銭の額が確定した場合において、それにより金銭の支払を受けた者は、相続税の申告（期限後申告又は修正申告）をすることができることとし、反面、金銭を支払った者は、既に申告した贈与税について更正の請求をすることができる旨規定しています。

　したがって、特定贈与者から贈与を受けた財産について遺留分侵害額の請求を受け、その支払うべき金銭の額が確定した場合、既に申告した贈与税については更正の請求をすることにより、その財産の価額から次に掲げる算式により求めた価額を控除したところで減額更正されることとなります。

　また、特定贈与者の死亡に係る相続税の計算において相続税精算課税適用者の相続税の課税価格に算入される財産の価額は、減額更正後の価額となります（相法30①、31①、32①三）。

〔算式〕

$$\text{遺留分侵害額の請求に基づき支払うべき金銭の額} \times \frac{\text{遺留分侵害額の支払の請求の基因となった相続時精算課税適用財産の贈与の時における価額（相続税評価額）}}{\text{遺留分侵害額の支払の請求の基因となった相続時精算課税適用財産の遺留分侵害額の決定の基となった相続開始の時における価額（時価）}}$$

（注）　共同相続人及び包括受遺者（遺留分義務者を含む。）の全員の協議に基づいて、上記の方法に準じた方法又は合理的と認められる方法により、その遺留分侵害額に相当する価額を計算して申告する場合は、その申告した額とすることができます。

Q 3-29 受贈者が外国に居住している場合の相続時精算課税適用の可否

甲は、15年ほど前から外国に居住している次女に日本に所在する土地を贈与しました。このような場合でも次女は相続時精算課税の適用を受けることができるでしょうか。

なお、甲の年齢は72歳、次女は38歳です。

A 受贈者が外国に居住している場合についても、相続時精算課税の要件を満たしているときは、贈与について相続時精算課税の適用を受けることができます。

解説

　相続時精算課税は、受贈者の納税義務の区分にかかわらず受贈者が贈与時において贈与者の推定相続人及び孫であり、受贈者及び贈与者の年齢要件を満たしていれば、その適用を受けることができます（相法21の9①）。

　そのため、本問の場合、海外に居住していても相続時精算課税の要件である贈与時において推定相続人であること及び年齢要件を満たしていますので、当該贈与についても相続時精算課税の適用を受けることができます。

Q3-30 国外財産の贈与を受けた場合の相続時精算課税適用の可否

　甲は、父から国外に所在する土地の贈与を受けました。この場合、贈与税の申告に当たり相続時精算課税の適用を受けることができるでしょうか。

　また、贈与税の計算上、この土地に係る贈与税について課せられた当地の贈与税額（外国税額）を控除することは可能でしょうか。

 相続時精算課税の適用は可能です。外国税額の控除もできます。

解説

　相続税法第21条の9では、贈与により財産を取得した者が一定の要件の下に相続時精算課税を適用できる旨規定しています。ここで、贈与により取得する財産の所在については特に制限していないことから、国外財産の贈与についても相続時精算課税の適用を受けることができます。

　その場合、贈与税の計算上、国外財産に対する外国税額を控除することができます（相法21の8、21の9）。

　また、贈与者に相続が発生した場合に相続税額から控除する贈与税額は、外国税額を控除する前の税額となります（相法21の15③、21の16④）。

Q3-31 子、孫以外の者に対する相続時精算課税の適用

甲はＸ社（非上場会社）の代表取締役ですが、子は事業を承継しないため、同社の取締役になっている甥に株式を贈与するつもりです。

その際に贈与税の納税猶予の制度を適用する予定ですが、併せて相続時精算課税の制度も適用できるでしょうか。

A 　通常の場合は適用できませんが、非上場株式の贈与の納税猶予を適用する場合に限り、子、孫以外の者であっても相続時精算課税の適用が可能となります。

解説

相続時精算課税は、原則として、子、孫に対して贈与を行った場合の制度ですので、甥への贈与については認められません。

しかし、事業承継の円滑化を図るため、贈与を受ける後継者が子、孫以外の者であっても例外的に相続時精算課税の適用が可能となっています（措法70の７、70の７の５）。

また、贈与を受ける後継者は、贈与を受ける年の１月１日現在で18歳以上であり、贈与者（先代経営者）は同日において60歳以上であることが必要です。

（注）　上記内容は、平成30年１月１日から令和９年12月31日までの贈与について適用されます。

なお、実際の適用例については**Q5-9**を参照ください。

Q3-32 相続時精算課税適用財産の小規模宅地等の特例適用可否

相続時精算課税制度を適用して贈与を受けた財産について、小規模宅地等の特例を適用できるでしょうか。

相続時精算課税
適用財産 　　　　→　　小規模宅地等の特例の適用？

A 　贈与された小規宅地等については、適用されません。

解説

　個人が、相続又は遺贈により取得した財産のうち、その相続の開始の直前において被相続人等の事業の用に供されていた宅地等又は被相続人等の居住の用に供されていた宅地等のうち、一定の選択をしたもので限度面積までの部分については、相続税の課税価格に算入すべき価額の計算上、一定の割合を減額します。この特例を小規模宅地等特例といいます（措法69の4）。

　相続時精算課税制度による生前贈与財産が居住用宅地等や事業用宅地等の場合には、その取得原因が贈与ですから、小規模宅地等についての適用はないことになります。

　なお、相続開始前7年以内に贈与により取得した宅地等で相続財産に加算されるものについても同様に、小規模宅地等についての適用はありません。

第4章

暦年課税・相続時精算課税贈与と相続税（シミュレーション）

（はじめに：シミュレーションの前提）

　暦年贈与、相続時精算課税贈与、これらの贈与と相続税との関係をシミュレーションするとした場合、無数の組合せがあります。

　Q２-10でも触れましたが、いくつかの前提を決めた上でのシミュレーションが必要です。

　そのため、この章では、次のような前提を置いています。

1　贈与期間（贈与者の年齢等から予定できる期間を想定）

　〇長期間（15年と想定）^(注)

　〇中期間（10年と想定）

　〇短期間（５年と想定）

　(注)　一般的な事例では、例えば相続開始前20年、30年といったケースは無いわけではありませんが、限られるため15年としました。

2　受贈者

　子及び孫としました。一般的な事例として子２人、孫４人としました。

〈家族関係イメージ〉

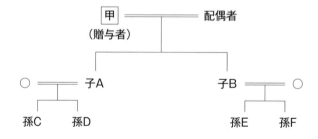

3　贈与金額

　(1)　各子への贈与金額は年間110万円、200万円、300万円、500万円の４パターンとしました。

なお、各孫には年間110万円としています。

また、各贈与については、暦年課税と相続時精算課税の2パターンがあります。

※暦年課税の場合は、相続開始前7年以内の贈与については、相続財産に加算されます（基礎控除110万円の控除をせずに加算）。

また、相続時精算課税の場合は、基本的に相続開始前の年数に関係なく相続財産に加算されますが、相続時精算課税の基礎控除110万円の範囲内の贈与であれば、加算されません。これらにより、暦年課税か相続時精算課税かに差異が生じます。

(2) 各孫には、暦年課税で年間110万円の贈与を行うものとしています。

4 贈与者の資産額及び相続税の計算

1.5億円、2億円、3億円、5億円、8億円、10億円の6パターンとしました。

なお、相続税は配偶者の税額軽減前の金額です。

（シミュレーションの結果から）

当然のことながら、長い期間の贈与になればなるほど税負担減少の効果は発生します。

なお、短期間（上記シミュレーション期間5年）のケースでの子に対する暦年課税贈与は、相続開始前7年以内の贈与加算の対象に全て入ってしまうため、税負担減少の効果はありません（贈与してもしなくても同じ）。そのため、相続時精算課税の贈与や孫等への贈与に切り替えるといった検討も必要かと思います。

また、贈与者の資産額が高額な場合（上記シミュレーションでは8億

円、10億円）は、税負担の減少の効果はそれほど大きくはありません。そのため、上記シミュレーションに比較し大幅に子や孫に対する贈与額を増額することや別途根本的な対策を検討することが必要かと思います^(注)。

　なお、**Q4-1**（長期間（15年）の贈与のシミュレーション）、**Q4-7**（中期間（10年）の贈与のシミュレーション）、**Q4-13**（短期間（5年）の贈与のシミュレーション）にシミュレーション内容の傾向を記載していますので合わせて参考にしてください。

(注)　参考として贈与者の資産額が10億円の場合で、各子、各孫に毎年500万円ずつ贈与するケースを掲載しましたので、参照ください（P168、P225、P282）。

1 長期間（15年）の贈与のシミュレーション

Q4-1 長期間（15年）の贈与を行う場合①（贈与者資産1.5億円）

　贈与者の年齢を考慮すると、贈与期間は15年程度が予定されます。子に対する各年の贈与金額を110万円、200万円、300万円とした場合（孫には110万円）、相続税や贈与税の負担にどの程度の影響があるのでしょうか。

　なお、贈与者の資産額は1.5億円です。

A 1　相続税に対する贈与の効果を考える上で、贈与の期間を15年、贈与者の資産を1.5億円とした場合、他には次の要素があります。

(1)　贈与金額

(2)　受贈者（子か孫か等）

(3)　暦年課税か相続時精算課税か

2　ここで、(2)については、一般的に孫に対する贈与は暦年課税における相続開始前7年以内の贈与加算対象にはなりませんので有利（税負担が小）となる傾向があります。

3　また、子に対する贈与については、暦年課税の場合は相続開始前7年以内の贈与加算の対象になります。一方で、子に対する贈与でも相続時精算課税の場合は、110万円の基礎控除までは贈与加算の対象になりません^(注)。

　（注）　110万円を超える金額については、年数に関係なく相続財産に加算

　　されます。

4　贈与期間が長期間の場合、子に対する贈与については、贈与金額が少額の場合は上記相続時精算課税の基礎控除の適用により相続時精算課税の方が有利（税負担が小）となる傾向があります。

　　一方で、贈与金額が大きくなるにつれて、期間も長期になることから加算額が増加し、相続時精算課税の方が不利になる（税負担が大）傾向があります。

5　なお、全ての事例に共通することですが、暦年課税贈与と相続時精算課税贈与の税負担の差に比較し、贈与を行ったか否かの税負担の差（贈与を行っていない場合と贈与を行った場合の税負担の差）が格段に大きいことが分かります。

```
※税負担の軽減だけでなく、贈与を受けた子がその資金を貯蓄すれば、
　その分相続時に用意が必要な納税資金は少なくて済むので、その効果
　も考慮すべきと思います。
＜例＞　相続税が1,000万円減少し贈与資金を2,000万円貯蓄できれば計
　　　　3,000万円の効果
```

```
※贈与者の資産が高額で納税資金等に問題がある場合は、下記事例にあ
　るような贈与では限界があるため、抜本的な対応が必要になると考え
　られます。
　　なお、孫にかなり高額な贈与をする例をP168に掲載していますので、
　参考にしてください。
```

　詳しくは下記解説の事例を参照してください。

解説

以下、事例を基に比較してみます。

<＜家族関係図＞

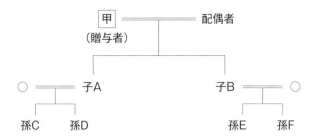

事例1　子への贈与金額110万円のケース

（前提）

1　贈与者……甲

2　受贈者……子ＡＢ、孫ＣＤＥＦ

3　贈与期間……15年

4　贈与総額……9,900万円

5　ケース

(1)　贈与なし

(2)　子について暦年課税……各人毎年110万円ずつ贈与
　　　孫について暦年課税……各人毎年110万円ずつ贈与

(3)　子について相続時精算課税……各人毎年110万円ずつ贈与
　　　孫について暦年課税……各人毎年110万円ずつ贈与

各ケースでの税負担額等

	①財産額	②贈与額	③7年以内・精算課税加算額	④課税価格（①-②+③）	⑤相続税額＋贈与税額
(1)のケース	150,000,000	—	—	150,000,000	14,950,000
(2)のケース※子暦年課税	150,000,000	99,000,000（注1）	13,400,000（注2）	64,400,000	1,640,000
(3)のケース※子精算課税	150,000,000	99,000,000（注1）	0（注3）	51,000,000	300,000

○各人への贈与額及び贈与税額（暦年課税）

	子A	子B	孫CDEF （4人分）	合計	贈与税額
1年目	1,100,000	1,100,000	4,400,000	6,600,000	0
2年目	1,100,000	1,100,000	4,400,000	6,600,000	0
3年目	1,100,000	1,100,000	4,400,000	6,600,000	0
4年目	1,100,000	1,100,000	4,400,000	6,600,000	0
5年目	1,100,000	1,100,000	4,400,000	6,600,000	0
6年目	1,100,000	1,100,000	4,400,000	6,600,000	0
7年目	1,100,000	1,100,000	4,400,000	6,600,000	0
8年目	1,100,000	1,100,000	4,400,000	6,600,000	0
9年目	1,100,000	1,100,000	4,400,000	6,600,000	0
10年目	1,100,000	1,100,000	4,400,000	6,600,000	0
11年目	1,100,000	1,100,000	4,400,000	6,600,000	0
12年目	1,100,000	1,100,000	4,400,000	6,600,000	0
13年目	1,100,000	1,100,000	4,400,000	6,600,000	0
14年目	1,100,000	1,100,000	4,400,000	6,600,000	0
15年目	1,100,000	1,100,000	4,400,000	6,600,000	0
合計	16,500,000	16,500,000	66,000,000	99,000,000 （注1）	0

○相続開始前7年以内贈与加算額（暦年課税）

	子A	子B	合計
1～7年贈与	7,700,000	7,700,000	15,400,000
緩和措置（4～7年）	▲1,000,000	▲1,000,000	▲2,000,000
差引（加算額）	6,700,000	6,700,000	13,400,000 （注2）

○相続開始前贈与加算額及び贈与税額（相続時精算課税）

	子A	子B	合計	贈与税額
1～15年贈与	0 ※(110万円－110万円) ×15年	0 ※(110万円－110万円) ×15年	0 （注3）	0

事例２　子への贈与金額200万円のケース

（前提）

1　贈与者……甲

2　受贈者……子ＡＢ、孫ＣＤＥＦ

3　贈与期間……15年

4　贈与総額……１億2,600万円

5　ケース

(1)　贈与なし

(2)　子について暦年課税……各人毎年200万円ずつ贈与

　　　孫について暦年課税……各人毎年110万円ずつ贈与

(3)　子について相続時精算課税……各人毎年200万円ずつ贈与

　　　孫について暦年課税……各人毎年110万円ずつ贈与

各ケースでの税負担額等

	①財産額	②贈与額	③7年以内・精算課税加算額	④課税価格（①－②＋③）	⑤相続税額＋贈与税額
(1)のケース	150,000,000	—	—	150,000,000	14,950,000
(2)のケース※子暦年課税	150,000,000	126,000,000（注1）	26,000,000（注2）	50,000,000	200,000－（贈与税額控除・相続税額が限度）200,000＋支払済贈与税2,700,000円（注4）＝2,700,000
(3)のケース※子精算課税	150,000,000	126,000,000（注1）	27,000,000（注3）	51,000,000	300,000

○各人への贈与額及び贈与税額（暦年課税）

	子A	子B	孫CDEF （4人分）	合計	贈与税額
1年目	2,000,000	2,000,000	4,400,000	8,400,000	180,000
2年目	2,000,000	2,000,000	4,400,000	8,400,000	180,000
3年目	2,000,000	2,000,000	4,400,000	8,400,000	180,000
4年目	2,000,000	2,000,000	4,400,000	8,400,000	180,000
5年目	2,000,000	2,000,000	4,400,000	8,400,000	180,000
6年目	2,000,000	2,000,000	4,400,000	8,400,000	180,000
7年目	2,000,000	2,000,000	4,400,000	8,400,000	180,000
8年目	2,000,000	2,000,000	4,400,000	8,400,000	180,000
9年目	2,000,000	2,000,000	4,400,000	8,400,000	180,000
10年目	2,000,000	2,000,000	4,400,000	8,400,000	180,000
11年目	2,000,000	2,000,000	4,400,000	8,400,000	180,000
12年目	2,000,000	2,000,000	4,400,000	8,400,000	180,000
13年目	2,000,000	2,000,000	4,400,000	8,400,000	180,000
14年目	2,000,000	2,000,000	4,400,000	8,400,000	180,000
15年目	2,000,000	2,000,000	4,400,000	8,400,000	180,000
合計	30,000,000	30,000,000	66,000,000	126,000,000 （注1）	2,700,000 （注4）

○相続開始前7年以内贈与加算額（暦年課税）

	子A	子B	合計
1～7年贈与	14,000,000	14,000,000	28,000,000
緩和措置（4～7年）	▲1,000,000	▲1,000,000	▲2,000,000
差引（加算額）	13,000,000	13,000,000	26,000,000 （注2）

○相続開始前贈与加算額及び贈与税額（相続時精算課税）

	子A	子B	合計	贈与税額
1～15年贈与	13,500,000 ※(200万円－110万円) ×15年	13,500,000 ※(200万円－110万円) ×15年	27,000,000 （注3）	(13,500,000－ 13,500,000)× 20%×2人 ＝0

事例3　子への贈与金額300万円のケース

（前提）

1　贈与者……甲

2　受贈者……子ＡＢ、孫ＣＤＥＦ

3　贈与期間……15年

4　贈与総額……１億5,600万円

5　ケース

　(1)　贈与なし

　(2)　子について暦年課税……各人毎年300万円ずつ贈与

　　　　孫について暦年課税……各人毎年110万円ずつ贈与

　(3)　子について相続時精算課税……各人毎年300万円ずつ贈与

　　　　孫について暦年課税……各人毎年110万円ずつ贈与

（注）　この事例では以下のように贈与者の資産額を超えた贈与になりますので現実的でありませんが、贈与加算により税額が発生するため参考として記載します。

各ケースでの税負担額等

	①財産額	②贈与額	③７年以内・精算課税加算額	④課税価格（①－②＋③）	⑤相続税額＋贈与税額
(1)のケース	150,000,000	—	—	150,000,000	14,950,000
(2)のケース※子暦年課税	150,000,000	156,000,000（注１）	40,000,000（注２）	34,000,000	0＋支払済贈与税5,700,000（注４）＝5,700,000
(3)のケース※子精算課税	150,000,000	156,000,000（注１）	57,000,000（注３）	51,000,000	300,000＋支払済贈与税1,400,000（注５）＝1,700,000

○各人への贈与額及び贈与税額（暦年課税）

	子A	子B	孫CDEF （4人分）	合計	贈与税額
1年目	3,000,000	3,000,000	4,400,000	10,400,000	380,000
2年目	3,000,000	3,000,000	4,400,000	10,400,000	380,000
3年目	3,000,000	3,000,000	4,400,000	10,400,000	380,000
4年目	3,000,000	3,000,000	4,400,000	10,400,000	380,000
5年目	3,000,000	3,000,000	4,400,000	10,400,000	380,000
6年目	3,000,000	3,000,000	4,400,000	10,400,000	380,000
7年目	3,000,000	3,000,000	4,400,000	10,400,000	380,000
8年目	3,000,000	3,000,000	4,400,000	10,400,000	380,000
9年目	3,000,000	3,000,000	4,400,000	10,400,000	380,000
10年目	3,000,000	3,000,000	4,400,000	10,400,000	380,000
11年目	3,000,000	3,000,000	4,400,000	10,400,000	380,000
12年目	3,000,000	3,000,000	4,400,000	10,400,000	380,000
13年目	3,000,000	3,000,000	4,400,000	10,400,000	380,000
14年目	3,000,000	3,000,000	4,400,000	10,400,000	380,000
15年目	3,000,000	3,000,000	4,400,000	10,400,000	380,000
合計	45,000,000	45,000,000	66,000,000	156,000,000 （注1）	5,700,000 （注4）

○相続開始前7年以内贈与加算額（暦年課税）

	子A	子B	合計
1～7年贈与	21,000,000	21,000,000	42,000,000
緩和措置（4～7年）	▲1,000,000	▲1,000,000	▲2,000,000
差引（加算額）	20,000,000	20,000,000	40,000,000 （注2）

○相続開始前贈与加算額及び贈与税額（相続時精算課税）

	子A	子B	合計	贈与税額
1～15年贈与	28,500,000 ※（300万円－110万円） ×15年	28,500,000 ※（300万円－110万円） ×15年	57,000,000 （注3）	（28,500,000－ 25,000,000）× 20％×2人 ＝1,400,000 （注5）

Q4-2 長期間（15年）の贈与を行う場合②（贈与者資産2億円）

贈与者の年齢を考慮すると、贈与期間は15年程度が予定されます。子に対する各年の贈与金額を110万円、200万円、300万円、500万円とした場合（孫には110万円）、相続税や贈与税の負担にどの程度の影響があるのでしょうか。

なお、贈与者の資産額は2億円です。

A 相続税に対する贈与の効果を考える上で、贈与の期間を15年、贈与者の資産を2億円とした場合、この他に考えなければならいのは、①贈与金額、②受贈者（子か孫か等）、③暦年課税か相続時精算課税か等ですが、基本的なポイントはQ4-1の**A**を参照ください。

なお、贈与の効果の詳細については、下記解説の事例を参照してください。

解説

以下、事例を基に比較してみます。

＜家族関係図＞

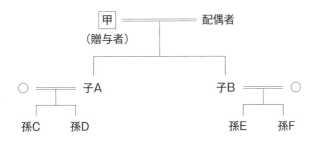

事例１　子への贈与金額110万円のケース

（前提）

1　贈与者……甲

2　受贈者……子ＡＢ、孫ＣＤＥＦ

3　贈与期間……15年

4　贈与総額……9,900万円

5　ケース

　(1)　贈与なし

　(2)　子について暦年課税……各人毎年110万円ずつ贈与

　　　　孫について暦年課税……各人毎年110万円ずつ贈与

　(3)　子について相続時精算課税……各人毎年110万円ずつ贈与

　　　　孫について暦年課税……各人毎年110万円ずつ贈与

各ケースでの税負担額等

	①財産額	②贈与額	③７年以内・精算課税加算額	④課税価格（①－②＋③）	⑤相続税額＋贈与税額
(1)のケース	200,000,000	—	—	200,000,000	27,000,000
(2)のケース※子暦年課税	200,000,000	99,000,000（注１）	13,400,000（注２）	114,400,000	8,620,000
(3)のケース※子精算課税	200,000,000	99,000,000（注１）	0（注３）	101,000,000	6,450,000

○各人への贈与額及び贈与税額（暦年課税）

	子A	子B	孫CDEF（4人分）	合計	贈与税額
1年目	1,100,000	1,100,000	4,400,000	6,600,000	0
2年目	1,100,000	1,100,000	4,400,000	6,600,000	0
3年目	1,100,000	1,100,000	4,400,000	6,600,000	0
4年目	1,100,000	1,100,000	4,400,000	6,600,000	0
5年目	1,100,000	1,100,000	4,400,000	6,600,000	0
6年目	1,100,000	1,100,000	4,400,000	6,600,000	0
7年目	1,100,000	1,100,000	4,400,000	6,600,000	0
8年目	1,100,000	1,100,000	4,400,000	6,600,000	0
9年目	1,100,000	1,100,000	4,400,000	6,600,000	0
10年目	1,100,000	1,100,000	4,400,000	6,600,000	0
11年目	1,100,000	1,100,000	4,400,000	6,600,000	0
12年目	1,100,000	1,100,000	4,400,000	6,600,000	0
13年目	1,100,000	1,100,000	4,400,000	6,600,000	0
14年目	1,100,000	1,100,000	4,400,000	6,600,000	0
15年目	1,100,000	1,100,000	4,400,000	6,600,000	0
合計	16,500,000	16,500,000	66,000,000	99,000,000（注1）	0

○相続開始前７年以内贈与加算額（暦年課税）

	子A	子B	合計
1～7年贈与	7,700,000	7,700,000	15,400,000
緩和措置（4～7年）	▲1,000,000	▲1,000,000	▲2,000,000
差引（加算額）	6,700,000	6,700,000	13,400,000（注2）

○相続開始前贈与加算額及び贈与税額（相続時精算課税）

	子A	子B	合計	贈与税額
1～15年贈与	0※(110万円−110万円)×15年	0※(110万円−110万円)×15年	0（注3）	0

事例2　子への贈与金額200万円のケース

（前提）

1　贈与者……甲

2　受贈者……子AB、孫CDEF

3　贈与期間……15年

4　贈与総額……1億2,600万円

5　ケース

　(1)　贈与なし

　(2)　子について暦年課税……各人毎年200万円ずつ贈与

　　　　孫について暦年課税……各人毎年110万円ずつ贈与

　(3)　子について相続時精算課税……各人毎年200万円ずつ贈与

　　　　孫について暦年課税……各人毎年110万円ずつ贈与

各ケースでの税負担額等

	①財産額	②贈与額	③7年以内・精算課税加算額	④課税価格（①－②＋③）	⑤相続税額＋贈与税額
(1)のケース	200,000,000	—	—	200,000,000	27,000,000
(2)のケース※子暦年課税	200,000,000	126,000,000（注1）	26,000,000（注2）	100,000,000	6,300,000－贈与税額控除1,260,000（18万円×7年）＋支払済贈与税2,700,000（注4）＝7,740,000
(3)のケース※子精算課税	200,000,000	126,000,000（注1）	27,000,000（注3）	101,000,000	6,450,000

○各人への贈与額及び贈与税額（暦年課税）

	子A	子B	孫CDEF （4人分）	合計	贈与税額
1年目	2,000,000	2,000,000	4,400,000	8,400,000	180,000
2年目	2,000,000	2,000,000	4,400,000	8,400,000	180,000
3年目	2,000,000	2,000,000	4,400,000	8,400,000	180,000
4年目	2,000,000	2,000,000	4,400,000	8,400,000	180,000
5年目	2,000,000	2,000,000	4,400,000	8,400,000	180,000
6年目	2,000,000	2,000,000	4,400,000	8,400,000	180,000
7年目	2,000,000	2,000,000	4,400,000	8,400,000	180,000
8年目	2,000,000	2,000,000	4,400,000	8,400,000	180,000
9年目	2,000,000	2,000,000	4,400,000	8,400,000	180,000
10年目	2,000,000	2,000,000	4,400,000	8,400,000	180,000
11年目	2,000,000	2,000,000	4,400,000	8,400,000	180,000
12年目	2,000,000	2,000,000	4,400,000	8,400,000	180,000
13年目	2,000,000	2,000,000	4,400,000	8,400,000	180,000
14年目	2,000,000	2,000,000	4,400,000	8,400,000	180,000
15年目	2,000,000	2,000,000	4,400,000	8,400,000	180,000
合計	30,000,000	30,000,000	66,000,000	126,000,000 （注1）	2,700,000 （注4）

○相続開始前7年以内贈与加算額（暦年課税）

	子A	子B	合計
1〜7年贈与	14,000,000	14,000,000	28,000,000
緩和措置（4〜7年）	▲1,000,000	▲1,000,000	▲2,000,000
差引（加算額）	13,000,000	13,000,000	26,000,000 （注2）

○相続開始前贈与加算額及び贈与税額（相続時精算課税）

	子A	子B	合計	贈与税額
1〜15年贈与	13,500,000 ※(200万円−110万円) ×15年	13,500,000 ※(200万円−110万円) ×15年	27,000,000 （注3）	(13,500,000− 13,500,000)× 20%×2人 =0

事例3 子への贈与金額300万円のケース

（前提）

1 贈与者……甲

2 受贈者……子AB、孫CDEF

3 贈与期間……15年

4 贈与総額…… 1 億5,600万円

5 ケース

　(1) 贈与なし

　(2) 子について暦年課税……各人毎年300万円ずつ贈与

　　　孫について暦年課税……各人毎年110万円ずつ贈与

　(3) 子について相続時精算課税……各人毎年300万円ずつ贈与

　　　孫について暦年課税……各人毎年110万円ずつ贈与

各ケースでの税負担額等

	①財産額	②贈与額	③7年以内・精算課税加算額	④課税価格（①－②＋③）	⑤相続税額＋贈与税額
(1)のケース	200,000,000	—	—	200,000,000	27,000,000
(2)のケース※子暦年課税	200,000,000	156,000,000（注1）	40,000,000（注2）	84,000,000	4,000,000－贈与税額控除2,660,000（38万円×7年）＋支払済贈与税5,700,000（注4）＝7,040,000
(3)のケース※子精算課税	200,000,000	156,000,000（注1）	57,000,000（注3）	101,000,000	6,450,000－贈与税額控除1,400,000＋支払済贈与税1,400,000（注5）＝6,450,000

○各人への贈与額及び贈与税額（暦年課税）

	子A	子B	孫CDEF （4人分）	合計	贈与税額
1年目	3,000,000	3,000,000	4,400,000	10,400,000	380,000
2年目	3,000,000	3,000,000	4,400,000	10,400,000	380,000
3年目	3,000,000	3,000,000	4,400,000	10,400,000	380,000
4年目	3,000,000	3,000,000	4,400,000	10,400,000	380,000
5年目	3,000,000	3,000,000	4,400,000	10,400,000	380,000
6年目	3,000,000	3,000,000	4,400,000	10,400,000	380,000
7年目	3,000,000	3,000,000	4,400,000	10,400,000	380,000
8年目	3,000,000	3,000,000	4,400,000	10,400,000	380,000
9年目	3,000,000	3,000,000	4,400,000	10,400,000	380,000
10年目	3,000,000	3,000,000	4,400,000	10,400,000	380,000
11年目	3,000,000	3,000,000	4,400,000	10,400,000	380,000
12年目	3,000,000	3,000,000	4,400,000	10,400,000	380,000
13年目	3,000,000	3,000,000	4,400,000	10,400,000	380,000
14年目	3,000,000	3,000,000	4,400,000	10,400,000	380,000
15年目	3,000,000	3,000,000	4,400,000	10,400,000	380,000
合計	45,000,000	45,000,000	66,000,000	156,000,000 （注1）	5,700,000 （注4）

○相続開始前７年以内贈与加算額（暦年課税）

	子A	子B	合計
1～7年贈与	21,000,000	21,000,000	42,000,000
緩和措置（4～7年）	▲1,000,000	▲1,000,000	▲2,000,000
差引（加算額）	20,000,000	20,000,000	40,000,000 （注2）

○相続開始前贈与加算額及び贈与税額（相続時精算課税）

	子A	子B	合計	贈与税額
1～15年贈与	28,500,000 ※(300万円−110万円) ×15年	28,500,000 ※(300万円−110万円) ×15年	57,000,000 （注3）	(28,500,000− 25,000,000)× 20%×2人 =1,400,000 （注5）

Q4-3 長期間（15年）の贈与を行う場合③ （贈与者資産3億円）

　贈与者の年齢を考慮すると、贈与期間は15年程度が予定されます。子に対する各年の贈与金額を110万円、200万円、300万円、500万円とした場合（孫には110万円）、相続税や贈与税の負担にどの程度の影響があるのでしょうか。

　なお、贈与者の資産額は3億円です。

A　相続税に対する贈与の効果を考える上で、贈与の期間を10年、贈与者の資産を3億円とした場合、この他に考えなければならないのは、①贈与金額、②受贈者（子か孫か等）、③暦年課税か相続時精算課税か等ですが、基本的なポイントは**Q4-1**の**A**を参照ください。

　なお、贈与の効果の詳細については、下記解説の事例を参照してください。

解説

以下、事例を基に比較してみます。

＜家族関係図＞

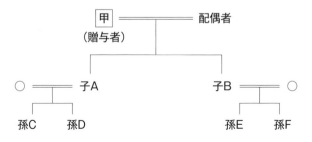

事例１　子への贈与金額110万円のケース

（前提）

1　贈与者……甲

2　受贈者……子ＡＢ、孫ＣＤＥＦ

3　贈与期間……15年

4　贈与総額……9,900万円

5　ケース

(1)　贈与なし

(2)　子について暦年課税……各人毎年110万円ずつ贈与

　　　孫について暦年課税……各人毎年110万円ずつ贈与

(3)　子について相続時精算課税……各人毎年110万円ずつ贈与

　　　孫について暦年課税……各人毎年110万円ずつ贈与

各ケースでの税負担額等

	①財産額	②贈与額	③7年以内・精算課税加算額	④課税価格（①−②+③）	⑤相続税額＋贈与税額
(1)のケース	300,000,000	—	—	300,000,000	57,200,000
(2)のケース 子暦年課税	300,000,000	99,000,000（注1）	13,400,000（注2）	214,400,000	30,600,000
(3)のケース 子精算課税	300,000,000	99,000,000（注1）		201,000,000	27,250,000

○各人への贈与額及び贈与税額（暦年課税）

	子A	子B	孫CDEF（4人分）	合計	贈与税額
1年目	1,100,000	1,100,000	4,400,000	6,600,000	0
2年目	1,100,000	1,100,000	4,400,000	6,600,000	0
3年目	1,100,000	1,100,000	4,400,000	6,600,000	0
4年目	1,100,000	1,100,000	4,400,000	6,600,000	0
5年目	1,100,000	1,100,000	4,400,000	6,600,000	0
6年目	1,100,000	1,100,000	4,400,000	6,600,000	0
7年目	1,100,000	1,100,000	4,400,000	6,600,000	0
8年目	1,100,000	1,100,000	4,400,000	6,600,000	0
9年目	1,100,000	1,100,000	4,400,000	6,600,000	0
10年目	1,100,000	1,100,000	4,400,000	6,600,000	0
11年目	1,100,000	1,100,000	4,400,000	6,600,000	0
12年目	1,100,000	1,100,000	4,400,000	6,600,000	0
13年目	1,100,000	1,100,000	4,400,000	6,600,000	0
14年目	1,100,000	1,100,000	4,400,000	6,600,000	0
15年目	1,100,000	1,100,000	4,400,000	6,600,000	0
合計	16,500,000	16,500,000	66,000,000	99,000,000（注1）	0

○相続開始前7年以内贈与加算額（暦年課税）

	子A	子B	合計
1～7年贈与	7,700,000	7,700,000	15,400,000
緩和措置（4～7年）	▲1,000,000	▲1,000,000	▲2,000,000
差引（加算額）	6,700,000	6,700,000	13,400,000（注2）

○相続開始前贈与加算額及び贈与税額（相続時精算課税）

	子A	子B	合計	贈与税額
1～15年贈与	0 ※(110万円-110万円)×15年	0 ※(110万円-110万円)×15年	0（注3）	0

事例2　子への贈与金額200万円のケース

（前提）

1　贈与者……甲

2　受贈者……子AB、孫CDEF

3　贈与期間……15年

4　贈与総額……1億2,600万円

5　ケース

(1)　贈与なし

(2)　子について暦年課税……各人毎年200万円ずつ贈与

　　　孫について暦年課税……各人毎年110万円ずつ贈与

(3)　子について相続時精算課税……各人毎年200万円ずつ贈与

　　　孫について暦年課税……各人毎年110万円ずつ贈与

各ケースでの税負担額等

	①財産額	②贈与額	③7年以内・精算課税加算額	④課税価格（①-②+③）	⑤相続税額＋贈与税額
(1)のケース	300,000,000	—	—	300,000,000	57,200,000
(2)のケース※子暦年課税	300,000,000	126,000,000（注1）	26,000,000（注2）	200,000,000	27,000,000 − 贈与税額控除1,260,000（18万円 × 7年）＋ 支払済贈与税2,700,000（注4）= 28,440,000
(3)のケース※子精算課税	300,000,000	126,000,000（注1）	27,000,000（注3）	201,000,000	27,250,000

○各人への贈与額及び贈与税額（暦年課税）

	子A	子B	孫CDEF （4人分）	合計	贈与税額
1年目	2,000,000	2,000,000	4,400,000	8,400,000	180,000
2年目	2,000,000	2,000,000	4,400,000	8,400,000	180,000
3年目	2,000,000	2,000,000	4,400,000	8,400,000	180,000
4年目	2,000,000	2,000,000	4,400,000	8,400,000	180,000
5年目	2,000,000	2,000,000	4,400,000	8,400,000	180,000
6年目	2,000,000	2,000,000	4,400,000	8,400,000	180,000
7年目	2,000,000	2,000,000	4,400,000	8,400,000	180,000
8年目	2,000,000	2,000,000	4,400,000	8,400,000	180,000
9年目	2,000,000	2,000,000	4,400,000	8,400,000	180,000
10年目	2,000,000	2,000,000	4,400,000	8,400,000	180,000
11年目	2,000,000	2,000,000	4,400,000	8,400,000	180,000
12年目	2,000,000	2,000,000	4,400,000	8,400,000	180,000
13年目	2,000,000	2,000,000	4,400,000	8,400,000	180,000
14年目	2,000,000	2,000,000	4,400,000	8,400,000	180,000
15年目	2,000,000	2,000,000	4,400,000	8,400,000	180,000
合計	30,000,000	30,000,000	66,000,000	126,000,000 （注1）	2,700,000 （注4）

○相続開始前7年以内贈与加算額（暦年課税）

	子A	子B	合計
1～7年贈与	14,000,000	14,000,000	28,000,000
緩和措置（4～7年）	▲1,000,000	▲1,000,000	▲2,000,000
差引（加算額）	13,000,000	13,000,000	26,000,000 （注2）

○相続開始前贈与加算額及び贈与税額（相続時精算課税）

	子A	子B	合計	贈与税額
1～15年贈与	13,500,000 ※(200万円−110万円) ×15年	13,500,000 ※(200万円−110万円) ×15年	27,000,000 （注3）	(13,500,000− 13,500,000)× 20%×2人 =0

事例３　子への贈与金額300万円のケース

（前提）

1　贈与者……甲

2　受贈者……子ＡＢ、孫ＣＤＥＦ

3　贈与期間……15年

4　贈与総額……１億5,600万円

5　ケース

　(1)　贈与なし

　(2)　子について暦年課税……各人毎年300万円ずつ贈与

　　　　孫について暦年課税……各人毎年110万円ずつ贈与

　(3)　子について相続時精算課税……各人毎年300万円ずつ贈与

　　　　孫について暦年課税……各人毎年110万円ずつ贈与

各ケースでの税負担額等

	①財産額	②贈与額	③７年以内・精算課税加算額	④課税価格（①-②+③）	⑤相続税額＋贈与税額
(1)のケース	300,000,000	—	—	300,000,000	57,200,000
(2)のケース ※子暦年課税	300,000,000	156,000,000 （注１）	40,000,000 （注２）	184,000,000	23,000,000－贈与税額控除2,660,000（38万円×７年）＋支払済贈与税5,700,000（注４）＝26,040,000
(3)のケース ※子精算課税	300,000,000	156,000,000 （注１）	57,000,000 （注３）	201,000,000	27,250,000－贈与税額控除1,400,000＋支払済贈与税1,400,000（注５）＝27,250,000

○各人への贈与額及び贈与税額（暦年課税）

	子A	子B	孫CDEF （4人分）	合計	贈与税額
1年目	3,000,000	3,000,000	4,400,000	10,400,000	380,000
2年目	3,000,000	3,000,000	4,400,000	10,400,000	380,000
3年目	3,000,000	3,000,000	4,400,000	10,400,000	380,000
4年目	3,000,000	3,000,000	4,400,000	10,400,000	380,000
5年目	3,000,000	3,000,000	4,400,000	10,400,000	380,000
6年目	3,000,000	3,000,000	4,400,000	10,400,000	380,000
7年目	3,000,000	3,000,000	4,400,000	10,400,000	380,000
8年目	3,000,000	3,000,000	4,400,000	10,400,000	380,000
9年目	3,000,000	3,000,000	4,400,000	10,400,000	380,000
10年目	3,000,000	3,000,000	4,400,000	10,400,000	380,000
11年目	3,000,000	3,000,000	4,400,000	10,400,000	380,000
12年目	3,000,000	3,000,000	4,400,000	10,400,000	380,000
13年目	3,000,000	3,000,000	4,400,000	10,400,000	380,000
14年目	3,000,000	3,000,000	4,400,000	10,400,000	380,000
15年目	3,000,000	3,000,000	4,400,000	10,400,000	380,000
合計	45,000,000	45,000,000	66,000,000	156,000,000 （注1）	5,700,000 （注4）

○相続開始前７年以内贈与加算額（暦年課税）

	子A	子B	合計
1～7年贈与	21,000,000	21,000,000	42,000,000
緩和措置（4～7年）	▲1,000,000	▲1,000,000	▲2,000,000
差引（加算額）	20,000,000	20,000,000	40,000,000 （注2）

○相続開始前贈与加算額及び贈与税額（相続時精算課税）

	子A	子B	合計	贈与税額
1～15年贈与	28,500,000 ※(300万円–110万円) ×15年	28,500,000 ※(300万円–110万円) ×15年	57,000,000 （注3）	(28,500,000 – 25,000,000)× 20%×2人 =1,400,000 （注5）

事例４　子への贈与金額500万円のケース

（前提）

1　贈与者……甲

2　受贈者……子ＡＢ、孫ＣＤＥＦ

3　贈与期間……15年

4　贈与総額……2億1,600万円

5　ケース

　(1)　贈与なし

　(2)　子について暦年課税……各人毎年500万円ずつ贈与

　　　　孫について暦年課税……各人毎年110万円ずつ贈与

　(3)　子について相続時精算課税……各人毎年500万円ずつ贈与

　　　　孫について暦年課税……各人毎年110万円ずつ贈与

各ケースでの税負担額等

	①財産額	②贈与額	③7年以内・精算課税加算額	④課税価格（①−②+③）	⑤相続税額＋贈与税額
(1)のケース	300,000,000	—	—	300,000,000	57,200,000
(2)のケース※子暦年課税	300,000,000	216,000,000（注1）	68,000,000（注2）	152,000,000	15,400,000 − 贈与税額控除6,790,000（97万円×7年）＋支払済贈与税14,550,000（注4）＝23,160,000
(3)のケース※子精算課税	300,000,000	216,000,000（注1）	117,000,000（注3）	201,000,000	27,250,000 − 贈与税額控除13,400,000＋支払済贈与税13,400,000（注5）＝27,250,000

○各人への贈与額及び贈与税額（暦年課税）

	子A	子B	孫CDEF （4人分）	合計	贈与税額
1年目	5,000,000	5,000,000	4,400,000	14,400,000	970,000
2年目	5,000,000	5,000,000	4,400,000	14,400,000	970,000
3年目	5,000,000	5,000,000	4,400,000	14,400,000	970,000
4年目	5,000,000	5,000,000	4,400,000	14,400,000	970,000
5年目	5,000,000	5,000,000	4,400,000	14,400,000	970,000
6年目	5,000,000	5,000,000	4,400,000	14,400,000	970,000
7年目	5,000,000	5,000,000	4,400,000	14,400,000	970,000
8年目	5,000,000	5,000,000	4,400,000	14,400,000	970,000
9年目	5,000,000	5,000,000	4,400,000	14,400,000	970,000
10年目	5,000,000	5,000,000	4,400,000	14,400,000	970,000
11年目	5,000,000	5,000,000	4,400,000	14,400,000	970,000
12年目	5,000,000	5,000,000	4,400,000	14,400,000	970,000
13年目	5,000,000	5,000,000	4,400,000	14,400,000	970,000
14年目	5,000,000	5,000,000	4,400,000	14,400,000	970,000
15年目	5,000,000	5,000,000	4,400,000	14,400,000	970,000
合計	75,000,000	75,000,000	66,000,000	216,000,000 （注1）	14,550,000 （注4）

○相続開始前7年以内贈与加算額（暦年課税）

	子A	子B	合計
1～7年贈与	35,000,000	35,000,000	70,000,000
緩和措置（4～7年）	▲1,000,000	▲1,000,000	▲2,000,000
差引（加算額）	34,000,000	34,000,000	68,000,000 （注2）

○相続開始前贈与加算額及び贈与税額（相続時精算課税）

	子A	子B	合計	贈与税額
1～15年贈与	58,500,000 ※（500万円－110万円） ×15年	58,500,000 ※（500万円－110万円） ×15年	117,000,000 （注3）	（58,500,000－ 25,000,000）× 20％×2人 ＝13,400,000 （注5）

Q4-4 長期間（15年）の贈与を行う場合④（贈与者資産5億円）

贈与者の年齢を考慮すると、贈与期間は15年程度が予定されます。子に対する各年の贈与金額を110万円、200万円、300万円、500万円とした場合（孫には110万円）、相続税や贈与税の負担にどの程度の影響があるのでしょうか。

なお、贈与者の資産額は5億円です。

A 相続税に対する贈与の効果を考える上で、贈与の期間を15年、贈与者の資産を5億円とした場合、この他に考えなければならいのは、①贈与金額、②受贈者（子か孫か等）、③暦年課税か相続時精算課税か等ですが、基本的なポイントはQ4-1の**A**を参照ください。

なお、贈与の効果の詳細については、下記解説の事例を参照してください。

解説

＜家族関係図＞

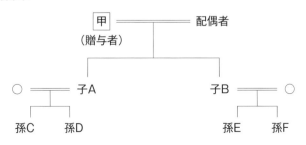

事例1　子への贈与金額110万円のケース

（前提）

1　贈与者……甲

2　受贈者……子ＡＢ、孫ＣＤＥＦ

3　贈与期間……15年

4　贈与総額……9,900万円

5　ケース

　(1)　贈与なし

　(2)　子について暦年課税……各人毎年110万円ずつ贈与

　　　　孫について暦年課税……各人毎年110万円ずつ贈与

　(3)　子について相続時精算課税……各人毎年110万円ずつ贈与

　　　　孫について暦年課税……各人毎年110万円ずつ贈与

各ケースでの税負担額等

	①財産額	②贈与額	③7年以内・精算課税加算額	④課税価格（①－②＋③）	⑤相続税額＋贈与税額
(1)のケース	500,000,000	—	—	500,000,000	131,100,000
(2)のケース※子暦年課税	500,000,000	99,000,000（注1）	13,400,000（注2）	414,400,000	97,240,000
(3)のケース※子精算課税	500,000,000	99,000,000（注1）	0	401,000,000	92,550,000

○各人への贈与額及び贈与税額（暦年課税）

	子A	子B	孫CDEF （4人分）	合計	贈与税額
1年目	1,100,000	1,100,000	4,400,000	6,600,000	0
2年目	1,100,000	1,100,000	4,400,000	6,600,000	0
3年目	1,100,000	1,100,000	4,400,000	6,600,000	0
4年目	1,100,000	1,100,000	4,400,000	6,600,000	0
5年目	1,100,000	1,100,000	4,400,000	6,600,000	0
6年目	1,100,000	1,100,000	4,400,000	6,600,000	0
7年目	1,100,000	1,100,000	4,400,000	6,600,000	0
8年目	1,100,000	1,100,000	4,400,000	6,600,000	0
9年目	1,100,000	1,100,000	4,400,000	6,600,000	0
10年目	1,100,000	1,100,000	4,400,000	6,600,000	0
11年目	1,100,000	1,100,000	4,400,000	6,600,000	0
12年目	1,100,000	1,100,000	4,400,000	6,600,000	0
13年目	1,100,000	1,100,000	4,400,000	6,600,000	0
14年目	1,100,000	1,100,000	4,400,000	6,600,000	0
15年目	1,100,000	1,100,000	4,400,000	6,600,000	0
合計	16,500,000	16,500,000	66,000,000	99,000,000 （注1）	0

○相続開始前7年以内贈与加算額（暦年課税）

	子A	子B	合計
1～7年贈与	7,700,000	7,700,000	15,400,000
緩和措置（4～7年）	▲1,000,000	▲1,000,000	▲2,000,000
差引（加算額）	6,700,000	6,700,000	13,400,000 （注2）

○相続開始前贈与加算額及び贈与税額（相続時精算課税）

	子A	子B	合計	贈与税額
1～15年贈与	0 ※(110万円-110万円) ×15年	0 ※(110万円-110万円) ×15年	0 （注3）	0

事例２　子への贈与金額200万円のケース

（前提）

1　贈与者……甲

2　受贈者……子ＡＢ、孫ＣＤＥＦ

3　贈与期間……15年

4　贈与総額……１億2,600万円

5　ケース

　(1)　贈与なし

　(2)　子について暦年課税……各人毎年200万円ずつ贈与

　　　孫について暦年課税……各人毎年110万円ずつ贈与

　(3)　子について相続時精算課税……各人毎年200万円ずつ贈与

　　　孫について暦年課税……各人毎年110万円ずつ贈与

各ケースでの税負担額等

	①財産額	②贈与額	③７年以内・精算課税加算額	④課税価格（①－②＋③）	⑤相続税額＋贈与税額
(1)のケース	500,000,000	―	―	500,000,000	131,100,000
(2)のケース※子暦年課税	500,000,000	126,000,000（注１）	26,000,000（注２）	400,000,000	92,200,000－贈与税額控除1,260,000（18万円×７年）＋支払済贈与税＋2,700,000（注４）＝93,640,000
(3)のケース※子精算課税	500,000,000	126,000,000（注１）	27,000,000（注３）	401,000,000	92,500,000

○各人への贈与額及び贈与税額（暦年課税）

	子A	子B	孫CDEF （4人分）	合計	贈与税額
1年目	2,000,000	2,000,000	4,400,000	8,400,000	180,000
2年目	2,000,000	2,000,000	4,400,000	8,400,000	180,000
3年目	2,000,000	2,000,000	4,400,000	8,400,000	180,000
4年目	2,000,000	2,000,000	4,400,000	8,400,000	180,000
5年目	2,000,000	2,000,000	4,400,000	8,400,000	180,000
6年目	2,000,000	2,000,000	4,400,000	8,400,000	180,000
7年目	2,000,000	2,000,000	4,400,000	8,400,000	180,000
8年目	2,000,000	2,000,000	4,400,000	8,400,000	180,000
9年目	2,000,000	2,000,000	4,400,000	8,400,000	180,000
10年目	2,000,000	2,000,000	4,400,000	8,400,000	180,000
11年目	2,000,000	2,000,000	4,400,000	8,400,000	180,000
12年目	2,000,000	2,000,000	4,400,000	8,400,000	180,000
13年目	2,000,000	2,000,000	4,400,000	8,400,000	180,000
14年目	2,000,000	2,000,000	4,400,000	8,400,000	180,000
15年目	2,000,000	2,000,000	4,400,000	8,400,000	180,000
合計	30,000,000	30,000,000	66,000,000	126,000,000 （注1）	2,700,000 （注4）

○相続開始前7年以内贈与加算額（暦年課税）

	子A	子B	合計
1〜7年贈与	14,000,000	14,000,000	28,000,000
緩和措置（4〜7年）	▲1,000,000	▲1,000,000	▲2,000,000
差引（加算額）	13,000,000	13,000,000	26,000,000 （注2）

○相続開始前贈与加算額及び贈与税額（相続時精算課税）

	子A	子B	合計	贈与税額
1〜15年贈与	13,500,000 ※（200万円−110万円） ×15年	13,500,000 ※（200万円−110万円） ×15年	27,000,000 （注3）	（13,500,000− 13,500,000）× 20%×2人 =0

事例３　子への贈与金額300万円のケース

（前提）

1　贈与者……甲

2　受贈者……子ＡＢ、孫ＣＤＥＦ

3　贈与期間……15年

4　贈与総額…… １億5,600万円

5　ケース

(1)　贈与なし

(2)　子について暦年課税……各人毎年300万円ずつ贈与

　　　孫について暦年課税……各人毎年110万円ずつ贈与

(3)　子について相続時精算課税……各人毎年300万円ずつ贈与

　　　孫について暦年課税……各人毎年110万円ずつ贈与

各ケースでの税負担額等

	①財産額	②贈与額	③７年以内・精算課税加算額	④課税価格（①－②＋③）	⑤相続税額＋贈与税額
(1)のケース	500,000,000	―	―	500,000,000	131,100,000
(2)のケース※子暦年課税	500,000,000	156,000,000（注１）	40,000,000（注２）	384,000,000	86,600,000 － 贈与税額控除2,660,000（38万円×７年）＋支払済贈与税5,700,000（注４）＝89,640,000
(3)のケース※子精算課税	500,000,000	156,000,000（注１）	57,000,000（注３）	401,000,000	92,550,000 － 贈与税額控除1,400,000＋支払済贈与税1,400,000（注５）＝92,550,000

○各人への贈与額及び贈与税額（暦年課税）

	子A	子B	孫CDEF （4人分）	合計	贈与税額
1年目	3,000,000	3,000,000	4,400,000	10,400,000	380,000
2年目	3,000,000	3,000,000	4,400,000	10,400,000	380,000
3年目	3,000,000	3,000,000	4,400,000	10,400,000	380,000
4年目	3,000,000	3,000,000	4,400,000	10,400,000	380,000
5年目	3,000,000	3,000,000	4,400,000	10,400,000	380,000
6年目	3,000,000	3,000,000	4,400,000	10,400,000	380,000
7年目	3,000,000	3,000,000	4,400,000	10,400,000	380,000
8年目	3,000,000	3,000,000	4,400,000	10,400,000	380,000
9年目	3,000,000	3,000,000	4,400,000	10,400,000	380,000
10年目	3,000,000	3,000,000	4,400,000	10,400,000	380,000
11年目	3,000,000	3,000,000	4,400,000	10,400,000	380,000
12年目	3,000,000	3,000,000	4,400,000	10,400,000	380,000
13年目	3,000,000	3,000,000	4,400,000	10,400,000	380,000
14年目	3,000,000	3,000,000	4,400,000	10,400,000	380,000
15年目	3,000,000	3,000,000	4,400,000	10,400,000	380,000
合計	45,000,000	45,000,000	66,000,000	156,000,000 （注1）	5,700,000 （注4）

○相続開始前７年以内贈与加算額（暦年課税）

	子A	子B	合計
1～7年贈与	21,000,000	21,000,000	42,000,000
緩和措置（4～7年）	▲1,000,000	▲1,000,000	▲2,000,000
差引（加算額）	20,000,000	20,000,000	40,000,000 （注2）

○相続開始前贈与加算額及び贈与税額（相続時精算課税）

	子A	子B	合計	贈与税額
1～15年贈与	28,500,000 ※(300万円－110万円) ×15年	28,500,000 ※(300万円－110万円) ×15年	57,000,000 （注3）	(28,500,000 － 25,000,000)× 20%×2人 ＝1,400,000 （注5）

事例４　子への贈与金額500万円のケース

（前提）

1　贈与者……甲

2　受贈者……子ＡＢ、孫ＣＤＥＦ

3　贈与期間……15年

4　贈与総額……２億1,600万円

5　ケース

　(1)　贈与なし

　(2)　子について暦年課税……各人毎年500万円ずつ贈与

　　　孫について暦年課税……各人毎年110万円ずつ贈与

　(3)　子について相続時精算課税……各人毎年500万円ずつ贈与

　　　孫について暦年課税……各人毎年110万円ずつ贈与

各ケースでの税負担額等

	①財産額	②贈与額	③７年以内・精算課税加算額	④課税価格（①－②＋③）	⑤相続税額＋贈与税額
(1)のケース	500,000,000	—	—	500,000,000	131,100,000
(2)のケース ※子暦年課税	500,000,000	216,000,000 （注１）	68,000,000 （注２）	352,000,000	75,400,000－贈与税額控除6,790,000（97万円×７年）＋支払済贈与税14,550,000（注４）＝83,160,000
(3)のケース ※子精算課税	500,000,000	216,000,000 （注１）	117,000,000 （注３）	401,000,000	92,500,000－贈与税額控除13,400,000＋支払済贈与税13,400,000（注５）＝92,500,000

○各人への贈与額及び贈与税額（暦年課税）

	子Ａ	子Ｂ	孫ＣＤＥＦ （４人分）	合計	贈与税額
１年目	5,000,000	5,000,000	4,400,000	14,400,000	970,000
２年目	5,000,000	5,000,000	4,400,000	14,400,000	970,000
３年目	5,000,000	5,000,000	4,400,000	14,400,000	970,000
４年目	5,000,000	5,000,000	4,400,000	14,400,000	970,000
５年目	5,000,000	5,000,000	4,400,000	14,400,000	970,000
６年目	5,000,000	5,000,000	4,400,000	14,400,000	970,000
７年目	5,000,000	5,000,000	4,400,000	14,400,000	970,000
８年目	5,000,000	5,000,000	4,400,000	14,400,000	970,000
９年目	5,000,000	5,000,000	4,400,000	14,400,000	970,000
10年目	5,000,000	5,000,000	4,400,000	14,400,000	970,000
11年目	5,000,000	5,000,000	4,400,000	14,400,000	970,000
12年目	5,000,000	5,000,000	4,400,000	14,400,000	970,000
13年目	5,000,000	5,000,000	4,400,000	14,400,000	970,000
14年目	5,000,000	5,000,000	4,400,000	14,400,000	970,000
15年目	5,000,000	5,000,000	4,400,000	14,400,000	970,000
合計	75,000,000	75,000,000	66,000,000	216,000,000 （注１）	14,550,000 （注４）

○相続開始前７年以内贈与加算額（暦年課税）

	子Ａ	子Ｂ	合計
１～７年贈与	35,000,000	35,000,000	70,000,000
緩和措置（４～７年）	▲1,000,000	▲1,000,000	▲2,000,000
差引（加算額）	34,000,000	34,000,000	68,000,000 （注２）

○相続開始前贈与加算額及び贈与税額（相続時精算課税）

	子Ａ	子Ｂ	合計	贈与税額
１～15年贈与	58,500,000 ※（500万円－110万円） ×15年	58,500,000 ※（500万円－110万円） ×15年	117,000,000 （注３）	(58,500,000 － 25,000,000）× 20％×２人 ＝13,400,000 （注５）

Q4-5 長期間（15年）の贈与を行う場合⑤（贈与者資産8億円）

贈与者の年齢を考慮すると、贈与期間は15年程度が予定されます。子に対する各年の贈与金額を110万円、200万円、300万円、500万円とした場合（孫には110万円）、相続税や贈与税の負担にどの程度の影響があるのでしょうか。

なお、贈与者の資産額は8億円です。

A 相続税に対する贈与の効果を考える上で、贈与の期間を15年、贈与者の資産を8億円とした場合、この他に考えなければならないのは、①贈与金額、②受贈者（子か孫か等）、③暦年課税か相続時精算課税か等ですが、基本的なポイントはQ4-1の**A**を参照ください。

なお、贈与の効果の詳細については、下記解説の事例を参照してください。

解説

＜家族関係図＞

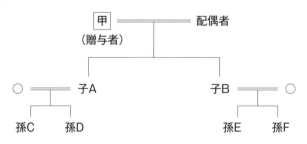

事例１　子への贈与金額110万円のケース

（前提）

1　贈与者……甲

2　受贈者……子ＡＢ、孫ＣＤＥＦ

3　贈与期間……15年

4　贈与総額……9,900万円

5　ケース

　(1)　贈与なし

　(2)　子について暦年課税……各人毎年110万円ずつ贈与

　　　　孫について暦年課税……各人毎年110万円ずつ贈与

　(3)　子について相続時精算課税……各人毎年110万円ずつ贈与

　　　　孫について暦年課税……各人毎年110万円ずつ贈与

各ケースでの税負担額等

	①財産額	②贈与額	③7年以内・精算課税加算額	④課税価格（①−②＋③）	⑤相続税額＋贈与税額
(1)のケース	800,000,000	—	—	800,000,000	262,400,000
(2)のケース※子暦年課税	800,000,000	99,000,000（注1）	13,400,000（注2）	714,400,000	223,880,000
(3)のケース※子精算課税	800,000,000	99,000,000（注1）	0（注3）	701,000,000	217,850,000

○各人への贈与額及び贈与税額（暦年課税）

	子Ａ	子Ｂ	孫ＣＤＥＦ （４人分）	合計	贈与税額
１年目	1,100,000	1,100,000	4,400,000	6,600,000	0
２年目	1,100,000	1,100,000	4,400,000	6,600,000	0
３年目	1,100,000	1,100,000	4,400,000	6,600,000	0
４年目	1,100,000	1,100,000	4,400,000	6,600,000	0
５年目	1,100,000	1,100,000	4,400,000	6,600,000	0
６年目	1,100,000	1,100,000	4,400,000	6,600,000	0
７年目	1,100,000	1,100,000	4,400,000	6,600,000	0
８年目	1,100,000	1,100,000	4,400,000	6,600,000	0
９年目	1,100,000	1,100,000	4,400,000	6,600,000	0
10年目	1,100,000	1,100,000	4,400,000	6,600,000	0
11年目	1,100,000	1,100,000	4,400,000	6,600,000	0
12年目	1,100,000	1,100,000	4,400,000	6,600,000	0
13年目	1,100,000	1,100,000	4,400,000	6,600,000	0
14年目	1,100,000	1,100,000	4,400,000	6,600,000	0
15年目	1,100,000	1,100,000	4,400,000	6,600,000	0
合計	16,500,000	16,500,000	66,000,000	99,000,000 （注１）	0

○相続開始前７年以内贈与加算額（暦年課税）

	子Ａ	子Ｂ	合計
１〜７年贈与	7,700,000	7,700,000	15,400,000
緩和措置（４〜７年）	▲1,000,000	▲1,000,000	▲2,000,000
差引（加算額）	6,700,000	6,700,000	13,400,000 （注２）

○相続開始前贈与加算額及び贈与税額（相続時精算課税）

	子Ａ	子Ｂ	合計	贈与税額
１〜15年贈与	0 ※（110万円-110万円） ×15年	0 ※（110万円-110万円） ×15年	0 （注３）	0

事例２　子への贈与金額200万円のケース

（前提）

1　贈与者……甲

2　受贈者……子ＡＢ、孫ＣＤＥＦ

3　贈与期間……15年

4　贈与総額…… １億2,600万円

5　ケース

　(1)　贈与なし

　(2)　子について暦年課税……各人毎年200万円ずつ贈与

　　　孫について暦年課税……各人毎年110万円ずつ贈与

　(3)　子について相続時精算課税……各人毎年200万円ずつ贈与

　　　孫について暦年課税……各人毎年110万円ずつ贈与

各ケースでの税負担額等

	①財産額	②贈与額	③７年以内・精算課税加算額	④課税価格（①－②＋③）	⑤相続税額＋贈与税額
(1)のケース	800,000,000	—	—	800,000,000	262,400,000
(2)のケース ※子暦年課税	800,000,000	126,000,000（注１）	26,000,000（注３）	700,000,000	217,400,000 － 贈与税額控除1,260,000（18万円× ７ 年） ＋ 支払済贈与税2,700,000（注４） ＝ 218,840,000
(3)のケース ※子精算課税	800,000,000	126,000,000（注１）	27,000,000（注４）	701,000,000	217,850,000

○各人への贈与額及び贈与税額（暦年課税）

	子A	子B	孫CDEF（4人分）	合計	贈与税額
1年目	2,000,000	2,000,000	4,400,000	8,400,000	180,000
2年目	2,000,000	2,000,000	4,400,000	8,400,000	180,000
3年目	2,000,000	2,000,000	4,400,000	8,400,000	180,000
4年目	2,000,000	2,000,000	4,400,000	8,400,000	180,000
5年目	2,000,000	2,000,000	4,400,000	8,400,000	180,000
6年目	2,000,000	2,000,000	4,400,000	8,400,000	180,000
7年目	2,000,000	2,000,000	4,400,000	8,400,000	180,000
8年目	2,000,000	2,000,000	4,400,000	8,400,000	180,000
9年目	2,000,000	2,000,000	4,400,000	8,400,000	180,000
10年目	2,000,000	2,000,000	4,400,000	8,400,000	180,000
11年目	2,000,000	2,000,000	4,400,000	8,400,000	180,000
12年目	2,000,000	2,000,000	4,400,000	8,400,000	180,000
13年目	2,000,000	2,000,000	4,400,000	8,400,000	180,000
14年目	2,000,000	2,000,000	4,400,000	8,400,000	180,000
15年目	2,000,000	2,000,000	4,400,000	8,400,000	180,000
合計	30,000,000	30,000,000	66,000,000	126,000,000（注1）	2,700,000（注4）

○相続開始前7年以内贈与加算額（暦年課税）

	子A	子B	合計
1～7年贈与	14,000,000	14,000,000	28,000,000
緩和措置（4～7年）	▲1,000,000	▲1,000,000	▲2,000,000
差引（加算額）	13,000,000	13,000,000	26,000,000（注2）

○相続開始前贈与加算額及び贈与税額（相続時精算課税）

	子A	子B	合計	贈与税額
1～15年贈与	13,500,000 ※(200万円−110万円)×15年	13,500,000 ※(200万円−110万円)×15年	27,000,000（注3）	(13,500,000 − 13,500,000) × 20% × 2人 = 0

事例３　子への贈与金額300万円のケース

（前提）

1　贈与者……甲

2　受贈者……子ＡＢ、孫ＣＤＥＦ

3　贈与期間……15年

4　贈与総額……１億5,600万円

5　ケース

　(1)　贈与なし

　(2)　子について暦年課税……各人毎年300万円ずつ贈与

　　　 孫について暦年課税……各人毎年110万円ずつ贈与

　(3)　子について相続時精算課税……各人毎年300万円ずつ贈与

　　　 孫について暦年課税……各人毎年110万円ずつ贈与

各ケースでの税負担額等

	①財産額	②贈与額	③７年以内・精算課税加算額	④課税価格（①－②＋③）	⑤相続税額＋贈与税額
(1)のケース	800,000,000	―	―	800,000,000	262,400,000
(2)のケース※子暦年課税	800,000,000	156,000,000（注１）	40,000,000（注２）	684,000,000	210,200,000－贈与税額控除2,660,000（38万円×７年）＋支払済贈与税5,700,000（注４）＝213,240,000
(3)のケース※子精算課税	800,000,000	156,000,000（注１）	57,000,000（注３）	701,000,000	217,850,000－贈与税額控除1,400,000＋支払済贈与税1,400,000（注５）＝217,850,000

◯各人への贈与額及び贈与税額（暦年課税）

	子A	子B	孫CDEF （4人分）	合計	贈与税額
1年目	3,000,000	3,000,000	4,400,000	10,400,000	380,000
2年目	3,000,000	3,000,000	4,400,000	10,400,000	380,000
3年目	3,000,000	3,000,000	4,400,000	10,400,000	380,000
4年目	3,000,000	3,000,000	4,400,000	10,400,000	380,000
5年目	3,000,000	3,000,000	4,400,000	10,400,000	380,000
6年目	3,000,000	3,000,000	4,400,000	10,400,000	380,000
7年目	3,000,000	3,000,000	4,400,000	10,400,000	380,000
8年目	3,000,000	3,000,000	4,400,000	10,400,000	380,000
9年目	3,000,000	3,000,000	4,400,000	10,400,000	380,000
10年目	3,000,000	3,000,000	4,400,000	10,400,000	380,000
11年目	3,000,000	3,000,000	4,400,000	10,400,000	380,000
12年目	3,000,000	3,000,000	4,400,000	10,400,000	380,000
13年目	3,000,000	3,000,000	4,400,000	10,400,000	380,000
14年目	3,000,000	3,000,000	4,400,000	10,400,000	380,000
15年目	3,000,000	3,000,000	4,400,000	10,400,000	380,000
合計	45,000,000	45,000,000	66,000,000	156,000,000 （注1）	5,700,000 （注4）

◯相続開始前7年以内贈与加算額（暦年課税）

	子A	子B	合計
1〜7年贈与	21,000,000	21,000,000	42,000,000
緩和措置（4〜7年）	▲1,000,000	▲1,000,000	▲2,000,000
差引（加算額）	20,000,000	20,000,000	40,000,000 （注2）

◯相続開始前贈与加算額及び贈与税額（相続時精算課税）

	子A	子B	合計	贈与税額
1〜15年贈与	28,500,000 ※（300万円−110万円） ×15年	28,500,000 ※（300万円−110万円） ×15年	57,000,000 （注3）	(28,500,000− 25,000,000）× 20%×2人 =1,400,000 （注5）

事例４　子への贈与金額500万円のケース

（前提）

1　贈与者……甲

2　受贈者……子ＡＢ、孫ＣＤＥＦ

3　贈与期間……15年

4　贈与総額……２億1,600万円

5　ケース

(1)　贈与なし

(2)　子について暦年課税……各人毎年500万円ずつ贈与
　　　孫について暦年課税……各人毎年110万円ずつ贈与

(3)　子について相続時精算課税……各人毎年500万円ずつ贈与
　　　孫について暦年課税……各人毎年110万円ずつ贈与

各ケースでの税負担額等

	①財産額	②贈与額	③7年以内・精算課税加算額	④課税価格（①−②+③）	⑤相続税額＋贈与税額
(1)のケース	800,000,000	—	—	800,000,000	262,400,000
(2)のケース※子暦年課税	800,000,000	216,000,000（注１）	68,000,000（注２）	652,000,000	195,800,000−贈与税額控除6,790,000（97万円×7年）＋支払済贈与税14,550,000（注４）＝203,560,000
(3)のケース※子精算課税	800,000,000	216,000,000（注１）	117,000,000（注３）	701,000,000	217,850,000−贈与税額控除13,400,000＋支払済贈与税13,400,000（注５）＝217,850,000

○各人への贈与額及び贈与税額（暦年課税）

	子Ａ	子Ｂ	孫ＣＤＥＦ（４人分）	合計	贈与税額
１年目	5,000,000	5,000,000	4,400,000	14,400,000	970,000
２年目	5,000,000	5,000,000	4,400,000	14,400,000	970,000
３年目	5,000,000	5,000,000	4,400,000	14,400,000	970,000
４年目	5,000,000	5,000,000	4,400,000	14,400,000	970,000
５年目	5,000,000	5,000,000	4,400,000	14,400,000	970,000
６年目	5,000,000	5,000,000	4,400,000	14,400,000	970,000
７年目	5,000,000	5,000,000	4,400,000	14,400,000	970,000
８年目	5,000,000	5,000,000	4,400,000	14,400,000	970,000
９年目	5,000,000	5,000,000	4,400,000	14,400,000	970,000
10年目	5,000,000	5,000,000	4,400,000	14,400,000	970,000
11年目	5,000,000	5,000,000	4,400,000	14,400,000	970,000
12年目	5,000,000	5,000,000	4,400,000	14,400,000	970,000
13年目	5,000,000	5,000,000	4,400,000	14,400,000	970,000
14年目	5,000,000	5,000,000	4,400,000	14,400,000	970,000
15年目	5,000,000	5,000,000	4,400,000	14,400,000	970,000
合計	75,000,000	75,000,000	66,000,000	216,000,000（注１）	14,550,000（注４）

○相続開始前７年以内贈与加算額（暦年課税）

	子Ａ	子Ｂ	合計
１〜７年贈与	35,000,000	35,000,000	70,000,000
緩和措置（４〜７年）	▲1,000,000	▲1,000,000	▲2,000,000
差引（加算額）	34,000,000	34,000,000	68,000,000（注２）

○相続開始前贈与加算額及び贈与税額（相続時精算課税）

	子Ａ	子Ｂ	合計	贈与税額
１〜15年贈与	58,500,000 ※(500万円-110万円)×15年	58,500,000 ※(500万円-110万円)×15年	117,000,000（注３）	(58,500,000-25,000,000)×20%×２人=13,400,000（注５）

Q4-6 長期間（15年）の贈与を行う場合⑥（贈与者資産10億円）

> 贈与者の年齢を考慮すると、贈与期間は15年程度が予定されます。子に対する各年の贈与金額を110万円、200万円、300万円、500万円とした場合（孫には110万円）、相続税や贈与税の負担にどの程度の影響があるのでしょうか。
>
> なお、贈与者の資産は10億円です。

A 　相続税に対する贈与の効果を考える上で、贈与の期間を15年、贈与者の資産を10億円とした場合、この他に考えなければならないのは、①贈与金額、②受贈者（子か孫か等）、③暦年課税か相続時精算課税か等ですが、基本的なポイントは**Q4-1**の**A**を参照ください。

　なお、贈与の効果の詳細については、下記解説の事例を参照してください。

解説

　以下、事例を基に比較してみます。

＜家族関係図＞

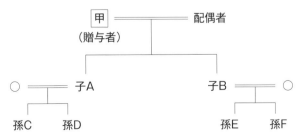

事例1　子への贈与金額110万円のケース

（前提）

1　贈与者……甲

2　受贈者……子AB、孫CDEF

3　贈与期間……15年

4　贈与総額……9,900万円

5　ケース

　(1)　贈与なし

　(2)　子について暦年課税……各人毎年110万円ずつ贈与

　　　　孫について暦年課税……各人毎年110万円ずつ贈与

　(3)　子について相続時精算課税……各人毎年110万円ずつ贈与

　　　　孫について暦年課税……各人毎年110万円ずつ贈与

各ケースでの税負担額等

	①財産額	②贈与額	③7年以内・精算課税加算額	④課税価格（①－②＋③）	⑤相続税額＋贈与税額
(1)のケース	1,000,000,000	—	—	1,000,000,000	356,200,000
(2)のケース ※子暦年課税	1,000,000,000	99,000,000（注1）	13,400,000（注2）	914,400,000	315,540,000
(3)のケース ※子精算課税	1,000,000,000	99,000,000（注1）	0（注3）	901,000,000	309,175,000

○各人への贈与額及び贈与税額（暦年課税）

	子A	子B	孫CDEF （4人分）	合計	贈与税額
1年目	1,100,000	1,100,000	4,400,000	6,600,000	0
2年目	1,100,000	1,100,000	4,400,000	6,600,000	0
3年目	1,100,000	1,100,000	4,400,000	6,600,000	0
4年目	1,100,000	1,100,000	4,400,000	6,600,000	0
5年目	1,100,000	1,100,000	4,400,000	6,600,000	0
6年目	1,100,000	1,100,000	4,400,000	6,600,000	0
7年目	1,100,000	1,100,000	4,400,000	6,600,000	0
8年目	1,100,000	1,100,000	4,400,000	6,600,000	0
9年目	1,100,000	1,100,000	4,400,000	6,600,000	0
10年目	1,100,000	1,100,000	4,400,000	6,600,000	0
11年目	1,100,000	1,100,000	4,400,000	6,600,000	0
12年目	1,100,000	1,100,000	4,400,000	6,600,000	0
13年目	1,100,000	1,100,000	4,400,000	6,600,000	0
14年目	1,100,000	1,100,000	4,400,000	6,600,000	0
15年目	1,100,000	1,100,000	4,400,000	6,600,000	0
合計	16,500,000	16,500,000	66,000,000	99,000,000 （注1）	0

○相続開始前7年以内贈与加算額（暦年課税）

	子A	子B	合計
1～7年贈与	7,700,000	7,700,000	15,400,000
緩和措置（4～7年）	▲1,000,000	▲1,000,000	▲2,000,000
差引（加算額）	6,700,000	6,700,000	13,400,000 （注2）

○相続開始前贈与加算額及び贈与税額（相続時精算課税）

	子A	子B	合計	贈与税額
1～15年贈与	0 ※(110万円－110万円) ×15年	0 ※(110万円－110万円) ×15年	0 （注3）	0

事例2　子への贈与金額200万円のケース

（前提）

1　贈与者……甲

2　受贈者……子ＡＢ、孫ＣＤＥＦ

3　贈与期間……15年

4　贈与総額…… 1億2,600万円

5　ケース

(1)　贈与なし

(2)　子について暦年課税……各人毎年200万円ずつ贈与

　　　孫について暦年課税……各人毎年110万円ずつ贈与

(3)　子について相続時精算課税……各人毎年200万円ずつ贈与

　　　孫について暦年課税……各人毎年110万円ずつ贈与

各ケースでの税負担額等

	①財産額	②贈与額	③7年以内・精算課税加算額	④課税価格(①−②+③)	⑤相続税額＋贈与税額
(1)のケース	1,000,000,000	—	—	1,000,000,000	356,200,000
(2)のケース ※子暦年課税	1,000,000,000	126,000,000（注1）	26,000,000（注2）	900,000,000	308,700,000−贈与税額控除1,260,000＋支払済贈与税2,700,000（注4）=310,140,000
(3)のケース ※子精算課税	1,000,000,000	126,000,000（注1）	27,000,000（注3）	901,000,000	309,175,000

○各人への贈与額及び贈与税額（暦年課税）

	子A	子B	孫CDEF （4人分）	合計	贈与税額
1年目	2,000,000	2,000,000	4,400,000	8,400,000	180,000
2年目	2,000,000	2,000,000	4,400,000	8,400,000	180,000
3年目	2,000,000	2,000,000	4,400,000	8,400,000	180,000
4年目	2,000,000	2,000,000	4,400,000	8,400,000	180,000
5年目	2,000,000	2,000,000	4,400,000	8,400,000	180,000
6年目	2,000,000	2,000,000	4,400,000	8,400,000	180,000
7年目	2,000,000	2,000,000	4,400,000	8,400,000	180,000
8年目	2,000,000	2,000,000	4,400,000	8,400,000	180,000
9年目	2,000,000	2,000,000	4,400,000	8,400,000	180,000
10年目	2,000,000	2,000,000	4,400,000	8,400,000	180,000
11年目	2,000,000	2,000,000	4,400,000	8,400,000	180,000
12年目	2,000,000	2,000,000	4,400,000	8,400,000	180,000
13年目	2,000,000	2,000,000	4,400,000	8,400,000	180,000
14年目	2,000,000	2,000,000	4,400,000	8,400,000	180,000
15年目	2,000,000	2,000,000	4,400,000	8,400,000	180,000
合計	30,000,000	30,000,000	66,000,000	126,000,000 （注1）	2,700,000 （注4）

○相続開始前7年以内贈与加算額（暦年課税）

	子A	子B	合計
1〜7年贈与	14,000,000	14,000,000	28,000,000
緩和措置（4〜7年）	▲1,000,000	▲1,000,000	▲2,000,000
差引（加算額）	13,000,000	13,000,000	26,000,000 （注2）

○相続開始前贈与加算額及び贈与税額（相続時精算課税）

	子A	子B	合計	贈与税額
1〜15年贈与	13,500,000 ※（200万円−110万円） ×15年	13,500,000 ※（200万円−110万円） ×15年	27,000,000 （注3）	（13,500,000− 13,500,000）× 20％×2人 ＝0

事例３　子への贈与金額300万円のケース

（前提）

1　贈与者……甲

2　受贈者……子ＡＢ、孫ＣＤＥＦ

3　贈与期間……15年

4　贈与総額…… 1 億5,600万円

5　ケース

(1)　贈与なし

(2)　子について暦年課税……各人毎年300万円ずつ贈与

　　　孫について暦年課税……各人毎年110万円ずつ贈与

(3)　子について相続時精算課税……各人毎年300万円ずつ贈与

　　　孫について暦年課税……各人毎年110万円ずつ贈与

各ケースでの税負担額等

	①財産額	②贈与額	③7年以内・精算課税加算額	④課税価格（①−②+③）	⑤相続税額＋贈与税額
(1)のケース	1,000,000,000	—	—	1,000,000,000	356,200,000
(2)のケース※子暦年課税	1,000,000,000	156,000,000（注１）	40,000,000（注２）	884,000,000	301,100,000−贈与税額控除2,660,000（38万円×7年）＋支払済贈与税5,700,000（注４）＝304,140,000
(3)のケース※子精算課税	1,000,000,000	156,000,000（注１）	57,000,000（注３）	901,000,000	309,175,000−贈与税額控除1,400,000＋支払済贈与税1,400,000（注５）＝309,175,000

○各人への贈与額及び贈与税額（暦年課税）

	子A	子B	孫CDEF （4人分）	合計	贈与税額
1年目	3,000,000	3,000,000	4,400,000	10,400,000	380,000
2年目	3,000,000	3,000,000	4,400,000	10,400,000	380,000
3年目	3,000,000	3,000,000	4,400,000	10,400,000	380,000
4年目	3,000,000	3,000,000	4,400,000	10,400,000	380,000
5年目	3,000,000	3,000,000	4,400,000	10,400,000	380,000
6年目	3,000,000	3,000,000	4,400,000	10,400,000	380,000
7年目	3,000,000	3,000,000	4,400,000	10,400,000	380,000
8年目	3,000,000	3,000,000	4,400,000	10,400,000	380,000
9年目	3,000,000	3,000,000	4,400,000	10,400,000	380,000
10年目	3,000,000	3,000,000	4,400,000	10,400,000	380,000
11年目	3,000,000	3,000,000	4,400,000	10,400,000	380,000
12年目	3,000,000	3,000,000	4,400,000	10,400,000	380,000
13年目	3,000,000	3,000,000	4,400,000	10,400,000	380,000
14年目	3,000,000	3,000,000	4,400,000	10,400,000	380,000
15年目	3,000,000	3,000,000	4,400,000	10,400,000	380,000
合計	45,000,000	45,000,000	66,000,000	156,000,000 （注1）	5,700,000 （注4）

○相続開始前7年以内贈与加算額（暦年課税）

	子A	子B	合計
1〜7年贈与	21,000,000	21,000,000	42,000,000
緩和措置（4〜7年）	▲1,000,000	▲1,000,000	▲2,000,000
差引（加算額）	20,000,000	20,000,000	40,000,000 （注2）

○相続開始前贈与加算額及び贈与税額（相続時精算課税）

	子A	子B	合計	贈与税額
1〜15年贈与	28,500,000 ※（300万円−110万円） ×15年	28,500,000 ※（300万円−110万円） ×15年	57,000,000 （注3）	（28,500,000− 25,000,000）× 20%×2人 =1,400,000 （注5）

事例4　子への贈与金額500万円のケース

（前提）

1　贈与者……甲

2　受贈者……子AB、孫CDEF

3　贈与期間……15年

4　贈与総額……2億1,600万円

5　ケース

　(1)　贈与なし

　(2)　子について暦年課税……各人毎年500万円ずつ贈与

　　　孫について暦年課税……各人毎年110万円ずつ贈与

　(3)　子について相続時精算課税……各人毎年500万円ずつ贈与

　　　孫について暦年課税……各人毎年110万円ずつ贈与

各ケースでの税負担額等

	①財産額	②贈与額	③7年以内・精算課税加算額	④課税価格（①−②+③）	⑤相続税額＋贈与税額
(1)のケース	1,000,000,000	—	—	1,000,000,000	356,200,000
(2)のケース※子暦年課税	1,000,000,000	216,000,000（注1）	68,000,000（注2）	852,000,000	285,900,000−贈与税額控除6,790,000（97万円×7年）＋支払済贈与税14,550,000（注4）=293,660,000
(3)のケース※子精算課税	1,000,000,000	216,000,000（注1）	117,000,000（注3）	901,000,000	309,175,000−贈与税額控除13,400,000＋支払済贈与税13,400,000（注5）=309,175,000

○各人への贈与額及び贈与税額（暦年課税）

	子A	子B	孫CDEF （4人分）	合計	贈与税額
1年目	5,000,000	5,000,000	4,400,000	14,400,000	970,000
2年目	5,000,000	5,000,000	4,400,000	14,400,000	970,000
3年目	5,000,000	5,000,000	4,400,000	14,400,000	970,000
4年目	5,000,000	5,000,000	4,400,000	14,400,000	970,000
5年目	5,000,000	5,000,000	4,400,000	14,400,000	970,000
6年目	5,000,000	5,000,000	4,400,000	14,400,000	970,000
7年目	5,000,000	5,000,000	4,400,000	14,400,000	970,000
8年目	5,000,000	5,000,000	4,400,000	14,400,000	970,000
9年目	5,000,000	5,000,000	4,400,000	14,400,000	970,000
10年目	5,000,000	5,000,000	4,400,000	14,400,000	970,000
11年目	5,000,000	5,000,000	4,400,000	14,400,000	970,000
12年目	5,000,000	5,000,000	4,400,000	14,400,000	970,000
13年目	5,000,000	5,000,000	4,400,000	14,400,000	970,000
14年目	5,000,000	5,000,000	4,400,000	14,400,000	970,000
15年目	5,000,000	5,000,000	4,400,000	14,400,000	970,000
合計	75,000,000	75,000,000	66,000,000	216,000,000 （注1）	14,550,000 （注4）

○相続開始前7年以内贈与加算額（暦年課税）

	子A	子B	合計
1～7年贈与	35,000,000	35,000,000	70,000,000
緩和措置（4～7年）	▲1,000,000	▲1,000,000	▲2,000,000
差引（加算額）	34,000,000	34,000,000	68,000,000 （注2）

○相続開始前贈与加算額及び贈与税額（相続時精算課税）

	子A	子B	合計	贈与税額
1～15年贈与	58,500,000 ※(500万円−110万円) ×15年	58,500,000 ※(500万円−110万円) ×15年	117,000,000 （注3）	(58,500,000− 25,000,000)× 20%×2人 =13,400,000 （注5）

（参考①）　各孫への贈与金額を増加した場合

（長期間（15年）の贈与・贈与者資産10億円）

　贈与者の遺産額が高額になると、通常の贈与による税負担軽減の効果も少なくなることから、下記の例では各子の他、各孫についても年間500万円の贈与をすることで贈与額を増加させた内容になっています。

子への贈与金額500万円／孫への贈与金額500万円のケース

（前提）

1　贈与者……甲

2　受贈者……子ＡＢ、孫ＣＤＥＦ

3　贈与期間……15年

4　贈与総額……４億5,000万円

5　ケース

(1)　贈与なし

(2)　子について暦年課税……各人年間500万円ずつ贈与

　　　孫について暦年課税……各人毎年500万円ずつ贈与

(3)　子について相続時精算課税……各人毎年500万円ずつ贈与

　　　孫について暦年課税……各人毎年500万円ずつ贈与

各ケースでの税負担額等

	①財産額	②贈与額	③７年以内・精算課税加算額	④課税価格（①－②＋③）	⑤相続税額＋贈与税額
(1)のケース	1,000,000,000	—	—	1,000,000,000	356,200,000
(2)のケース※子暦年課税	1,000,000,000	450,000,000（注１）	68,000,000（注２）	618,000,000	181,250,000－贈与税額控除6,790,000（97万円×７年）＋支払済贈与税43,650,000（注４）＝218,110,000
(3)のケース※子精算課税	1,000,000,000	450,000,000（注１）	117,000,000（注３）	667,000,000	202,550,000－贈与税額控除13,400,000＋支払済贈与税29,100,000（48.5万円×孫４人×15年）＋13,400,000（注５）＝231,650,000

○各人への贈与額及び贈与税額（暦年課税）

	子A	子B	孫CDEF （4人分）	合計	贈与税額
1年目	5,000,000	5,000,000	20,000,000	30,000,000	2,910,000
2年目	5,000,000	5,000,000	20,000,000	30,000,000	2,910,000
3年目	5,000,000	5,000,000	20,000,000	30,000,000	2,910,000
4年目	5,000,000	5,000,000	20,000,000	30,000,000	2,910,000
5年目	5,000,000	5,000,000	20,000,000	30,000,000	2,910,000
6年目	5,000,000	5,000,000	20,000,000	30,000,000	2,910,000
7年目	5,000,000	5,000,000	20,000,000	30,000,000	2,910,000
8年目	5,000,000	5,000,000	20,000,000	30,000,000	2,910,000
9年目	5,000,000	5,000,000	20,000,000	30,000,000	2,910,000
10年目	5,000,000	5,000,000	20,000,000	30,000,000	2,910,000
11年目	5,000,000	5,000,000	20,000,000	30,000,000	2,910,000
12年目	5,000,000	5,000,000	20,000,000	30,000,000	2,910,000
13年目	5,000,000	5,000,000	20,000,000	30,000,000	2,910,000
14年目	5,000,000	5,000,000	20,000,000	30,000,000	2,910,000
15年目	5,000,000	5,000,000	20,000,000	30,000,000	2,910,000
合計	75,000,000	75,000,000	300,000,000	450,000,000 （注1）	43,650,000 （注4）

○相続開始前7年以内贈与加算額（暦年課税）

	子A	子B	合計
1〜7年贈与	35,000,000	35,000,000	70,000,000
緩和措置（4〜7年）	▲1,000,000	▲1,000,000	▲2,000,000
差引（加算額）	34,000,000	34,000,000	68,000,000 （注2）

○相続開始前贈与加算額及び贈与税額（相続時精算課税）

	子A	子B	合計	贈与税額
1〜15年贈与	58,500,000 ※（500万円−110万円） ×15年	58,500,000 ※（500万円−110万円） ×15年	117,000,000 （注3）	（58,500,000− 25,000,000）× 20%×2人 =13,400,000 （注5）

中期間（10年）の贈与のシミュレーション

Q4-7　中期間（10年）の贈与を行う場合①
（贈与者資産1.5億円）

　贈与者の年齢を考慮すると、贈与期間は10年程度が予定されます。子に対する各年の贈与金額を110万円、200万円、300万円、500万円とした場合（孫には110万円）、相続税や贈与税の負担にどの程度の影響があるのでしょうか。

　なお、贈与者の資産額は1.5億円です。

A　1　相続税に対する贈与の効果を考える上で、贈与の期間を10年、贈与者の資産を1.5億円とした場合、他には次の要素があります。

(1)　贈与金額

(2)　受贈者（子か孫か等）

(3)　暦年課税か相続時精算課税か

2　ここで、(2)については、一般的に孫に対する贈与は暦年課税における相続開始前７年以内の贈与加算対象にはなりませんので有利（税負担が小）となる傾向があります。

3　また、子に対する贈与については、暦年課税の場合は相続開始前７年以内の贈与加算の対象になります。

　一方で子に対する贈与でも相続時精算課税の場合は、110万円の基礎控除までは贈与加算の対象になりません^(注)。

　（注）　110万円を超える金額については、年数に関係なく相続財産に加算

　　　されます。

4　贈与期間が中期間の場合、子に対する贈与については、上記相続時
　精算課税の基礎控除の適用により相続時精算課税の方が有利（税負担
　が小）となる傾向があります。

5　なお、全ての事例に共通することですが、暦年課税贈与と相続時精
　算課税贈与の税負担の差に比較し、贈与を行ったか否かの税負担の差
　（贈与を行っていない場合と贈与を行った場合の税負担の差）が格段
　に大きいことが分かります。

※税負担の軽減だけでなく、贈与を受けた子がその資金を貯蓄すれば、
　その分相続時に用意が必要な納税資金は少なくて済むので、その効果
　も考慮すべきと思います。
＜例＞　相続税が1,000万円減少し贈与資金を2,000万円貯蓄できれば計
　　　　3,000万円の効果

※贈与者の資産が高額で納税資金等に問題がある場合は、下記事例にあ
　るような贈与では限界があるため、抜本的な対応が必要になると考え
　られます。
　　なお、孫にかなり高額な贈与をする例をP225に掲載していますので、
　参考にしてください。

　詳しくは下記解説の事例を参照してください。

解説

以下、事例を基に比較してみます。

＜家族関係図＞

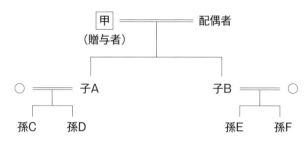

事例1　子への贈与金額110万円のケース

（前提）

1　贈与者……甲

2　受贈者……子AB、孫CDEF

3　贈与期間……10年

4　贈与総額……6,600万円

5　ケース

(1)　贈与なし

(2)　子について暦年課税……各人毎年110万円ずつ贈与

　　　孫について暦年課税……各人毎年110万円ずつ贈与

(3)　子について相続時精算課税……各人毎年110万円ずつ贈与

　　　孫について暦年課税……各人毎年110万円ずつ贈与

各ケースでの税負担額等

	①財産額	②贈与額	③7年以内・精算課税加算額	④課税価格 （①－②＋③）	⑤相続税額＋贈与税額
(1)のケース	150,000,000	—	—	150,000,000	14,950,000
(2)のケース ※子暦年課税	150,000,000	66,000,000 （注1）	13,400,000 （注2）	97,400,000	5,910,000
(3)のケース ※子精算課税	150,000,000	66,000,000 （注1）	0 （注3）	84,000,000	4,000,000

○各人への贈与額及び贈与税額（暦年課税）

	子A	子B	孫CDEF（4人分）	合計	贈与税額
1年目	1,100,000	1,100,000	4,400,000	6,600,000	0
2年目	1,100,000	1,100,000	4,400,000	6,600,000	0
3年目	1,100,000	1,100,000	4,400,000	6,600,000	0
4年目	1,100,000	1,100,000	4,400,000	6,600,000	0
5年目	1,100,000	1,100,000	4,400,000	6,600,000	0
6年目	1,100,000	1,100,000	4,400,000	6,600,000	0
7年目	1,100,000	1,100,000	4,400,000	6,600,000	0
8年目	1,100,000	1,100,000	4,400,000	6,600,000	0
9年目	1,100,000	1,100,000	4,400,000	6,600,000	0
10年目	1,100,000	1,100,000	4,400,000	6,600,000	0
合計	11,000,000	11,000,000	44,000,000	66,000,000（注1）	0

○相続開始前7年以内贈与加算額（暦年課税）

	子A	子B	合計
1〜7年贈与	7,700,000	7,700,000	15,400,000
緩和措置（4〜7年）	▲1,000,000	▲1,000,000	▲2,000,000
差引（加算額）	6,700,000	6,700,000	13,400,000（注2）

○相続開始前贈与加算額及び贈与税額（相続時精算課税）

	子A	子B	合計	贈与税額
1〜10年贈与	0 ※(110万円−110万円)×10年	0 ※(110万円−110万円)×10年	0（注3）	0

事例２　子への贈与金額200万円のケース

（前提）

1　贈与者……甲

2　受贈者……子ＡＢ、孫ＣＤＥＦ

3　贈与期間……10年

4　贈与総額……8,400万円

5　ケース

　(1)　贈与なし

　(2)　子について暦年課税……各人毎年200万円ずつ贈与

　　　　孫について暦年課税……各人毎年110万円ずつ贈与

　(3)　子について相続時精算課税……各人毎年200万円ずつ贈与

　　　　孫について暦年課税……各人毎年110万円ずつ贈与

各ケースでの税負担額等

	①財産額	②贈与額	③７年以内・精算課税加算額	④課税価格（①−②+③）	⑤相続税額＋贈与税額
(1)のケース	150,000,000	—	—	150,000,000	14,950,000
(2)のケース ※子暦年課税	150,000,000	84,000,000 (注１)	26,000,000 (注２)	92,000,000	5,100,000 − 贈与税額控除1,260,000（18万円×７年）＋支払済贈与税1,800,000（注４）＝5,640,000
(3)のケース ※子精算課税	150,000,000	84,000,000 (注１)	18,000,000 (注３)	84,000,000	4,000,000

○各人への贈与額及び贈与税額（暦年課税）

	子A	子B	孫CDEF （4人分）	合計	贈与税額
1年目	2,000,000	2,000,000	4,400,000	8,400,000	180,000
2年目	2,000,000	2,000,000	4,400,000	8,400,000	180,000
3年目	2,000,000	2,000,000	4,400,000	8,400,000	180,000
4年目	2,000,000	2,000,000	4,400,000	8,400,000	180,000
5年目	2,000,000	2,000,000	4,400,000	8,400,000	180,000
6年目	2,000,000	2,000,000	4,400,000	8,400,000	180,000
7年目	2,000,000	2,000,000	4,400,000	8,400,000	180,000
8年目	2,000,000	2,000,000	4,400,000	8,400,000	180,000
9年目	2,000,000	2,000,000	4,400,000	8,400,000	180,000
10年目	2,000,000	2,000,000	4,400,000	8,400,000	180,000
合計	20,000,000	20,000,000	44,000,000	84,000,000 （注1）	1,800,000 （注4）

○相続開始前7年以内贈与加算額（暦年課税）

	子A	子B	合計
1〜7年贈与	14,000,000	14,000,000	28,000,000
緩和措置（4〜7年）	▲1,000,000	▲1,000,000	▲2,000,000
差引（加算額）	13,000,000	13,000,000	26,000,000 （注2）

○相続開始前贈与加算額及び贈与税額（相続時精算課税）

	子A	子B	合計	贈与税額
1〜10年贈与	9,000,000 ※(200万円−110万円) ×10年	9,000,000 ※(200万円−110万円) ×10年	18,000,000 （注3）	(9,000,000− 9,000,000)× 20%×2人 =0

事例3　子への贈与金額300万円のケース

（前提）

1　贈与者……甲

2　受贈者……子AB、孫CDEF

3　贈与期間……10年

4　贈与総額…… 1 億400万円

5　ケース

（1）贈与なし

（2）子について暦年課税……各人毎年300万円ずつ贈与

　　孫について暦年課税……各人毎年110万円ずつ贈与

（3）子について相続時精算課税……各人毎年300万円ずつ贈与

　　孫について暦年課税……各人毎年110万円ずつ贈与

各ケースでの税負担額等

	①財産額	②贈与額	③7年以内・精算課税加算額	④課税価格（①－②＋③）	⑤相続税額＋贈与税額
(1)のケース	150,000,000	—	—	150,000,000	14,950,000
(2)のケース ※子暦年課税	150,000,000	104,000,000（注1）	40,000,000（注2）	86,000,000	4,250,000－贈与税額控除2,660,000（38万円×7年）＋支払済贈与税3,800,000（注4）＝5,390,000
(3)のケース ※子精算課税	150,000,000	104,000,000（注1）	38,000,000（注3）	84,000,000	4,000,000

○各人への贈与額及び贈与税額（暦年課税）

	子A	子B	孫CDEF（4人分）	合計	贈与税額
1年目	3,000,000	3,000,000	4,400,000	10,400,000	380,000
2年目	3,000,000	3,000,000	4,400,000	10,400,000	380,000
3年目	3,000,000	3,000,000	4,400,000	10,400,000	380,000
4年目	3,000,000	3,000,000	4,400,000	10,400,000	380,000
5年目	3,000,000	3,000,000	4,400,000	10,400,000	380,000
6年目	3,000,000	3,000,000	4,400,000	10,400,000	380,000
7年目	3,000,000	3,000,000	4,400,000	10,400,000	380,000
8年目	3,000,000	3,000,000	4,400,000	10,400,000	380,000
9年目	3,000,000	3,000,000	4,400,000	10,400,000	380,000
10年目	3,000,000	3,000,000	4,400,000	10,400,000	380,000
合計	30,000,000	30,000,000	44,000,000	104,000,000（注1）	3,800,000（注4）

○相続開始前7年以内贈与加算額（暦年課税）

	子A	子B	合計
1～7年贈与	21,000,000	21,000,000	42,000,000
緩和措置（4～7年）	▲1,000,000	▲1,000,000	▲2,000,000
差引（加算額）	20,000,000	20,000,000	40,000,000（注2）

○相続開始前贈与加算額及び贈与税額（相続時精算課税）

	子A	子B	合計	贈与税額
1～10年贈与	19,000,000 ※(300万円－110万円)×10年	19,000,000 ※(300万円－110万円)×10年	38,000,000（注3）	(19,000,000 － 19,000,000) × 20% × 2人 ＝0

事例４　子への贈与金額500万円のケース

（前提）

1　贈与者……甲

2　受贈者……子ＡＢ、孫ＣＤＥＦ

3　贈与期間……10年

4　贈与総額……１億4,400万円

5　ケース

　(1)　贈与なし

　(2)　子について暦年課税……各人毎年500万円ずつ贈与

　　　　孫について暦年課税……各人毎年110万円ずつ贈与

　(3)　子について相続時精算課税……各人毎年500万円ずつ贈与

　　　　孫について暦年課税……各人毎年110万円ずつ贈与

各ケースでの税負担額等

	①財産額	②贈与額	③７年以内・精算課税加算額	④課税価格（①－②＋③）	⑤相続税額＋贈与税額
(1)のケース	150,000,000	—	—	150,000,000	14,950,000
(2)のケース※子暦年課税	150,000,000	144,000,000（注１）	68,000,000（注２）	74,000,000	2,750,000－贈与税額控除2,750,000（相続税が限度）＋支払済贈与税9,700,000（注４）＝9,700,000
(3)のケース※子精算課税	150,000,000	144,000,000（注１）	78,000,000（注３）	84,000,000	4,000,000－贈与税額控除5,600,000＋支払済贈与税5,600,000（注５）＝4,000,000

○各人への贈与額及び贈与税額（暦年課税）

	子A	子B	孫CDEF （4人分）	合計	贈与税額
1年目	5,000,000	5,000,000	4,400,000	14,400,000	970,000
2年目	5,000,000	5,000,000	4,400,000	14,400,000	970,000
3年目	5,000,000	5,000,000	4,400,000	14,400,000	970,000
4年目	5,000,000	5,000,000	4,400,000	14,400,000	970,000
5年目	5,000,000	5,000,000	4,400,000	14,400,000	970,000
6年目	5,000,000	5,000,000	4,400,000	14,400,000	970,000
7年目	5,000,000	5,000,000	4,400,000	14,400,000	970,000
8年目	5,000,000	5,000,000	4,400,000	14,400,000	970,000
9年目	5,000,000	5,000,000	4,400,000	14,400,000	970,000
10年目	5,000,000	5,000,000	4,400,000	14,400,000	970,000
合計	50,000,000	50,000,000	44,000,000	144,000,000 （注1）	9,700,000 （注4）

○相続開始前7年以内贈与加算額（暦年課税）

	子A	子B	合計
1～7年贈与	35,000,000	35,000,000	70,000,000
緩和措置（4～7年）	▲1,000,000	▲1,000,000	▲2,000,000
差引（加算額）	34,000,000	34,000,000	68,000,000 （注2）

○相続開始前贈与加算額及び贈与税額（相続時精算課税）

	子A	子B	合計	贈与税額
1～10年贈与	39,000,000 ※(500万円−110万円) ×10年	39,000,000 ※(500万円−110万円) ×10年	78,000,000 （注3）	(39,000,000− 25,000,000)× 20%×2人 =5,600,000 （注5）

Q4-8 中期間（10年）の贈与を行う場合② （贈与者資産２億円）

　贈与者の年齢を考慮すると、贈与期間は10年程度が予定されます。子に対する各年の贈与金額を110万円、200万円、300万円、500万円とした場合（孫には110万円）、相続税や贈与税の負担にどの程度の影響があるのでしょうか。

　なお、贈与者の資産額は２億円です。

A　相続税に対する贈与の効果を考える上で、贈与の期間を10年、贈与者の資産を２億円とした場合、この他に考えなければならいないのは、①贈与金額、②受贈者（子か孫か等）、③暦年課税か相続時精算課税か等ですが、基本的なポイントは**Q4-7**の**A**を参照ください。

　なお、贈与の効果の詳細については、下記解説の事例を参照してください。

解説

以下、事例を基に比較してみます。

＜家族関係図＞

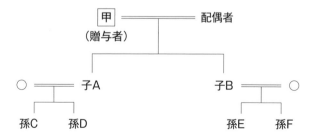

事例１　子への贈与金額110万円のケース

（前提）

1　贈与者……甲

2　受贈者……子ＡＢ、孫ＣＤＥＦ

3　贈与期間……10年

4　贈与総額……6,600万円

5　ケース

　(1)　贈与なし

　(2)　子について暦年課税……各人毎年110万円ずつ贈与

　　　　孫について暦年課税……各人毎年110万円ずつ贈与

　(3)　子について相続時精算課税……各人毎年110万円ずつ贈与

　　　　孫について暦年課税……各人毎年110万円ずつ贈与

各ケースでの税負担額等

	①財産額	②贈与額	③7年以内・精算課税加算額	④課税価格（①−②+③）	⑤相続税額＋贈与税額
(1)のケース	200,000,000	—	—	200,000,000	27,000,000
(2)のケース子暦年課税	200,000,000	66,000,000（注1）	13,400,000（注2）	147,400,000	14,395,000
(3)のケース子精算課税	200,000,000	66,000,000（注1）	0（注3）	134,000,000	12,050,000

○各人への贈与額及び贈与税額（暦年課税）

	子Ａ	子Ｂ	孫ＣＤＥＦ （４人分）	合計	贈与税額
１年目	1,100,000	1,100,000	4,400,000	6,600,000	0
２年目	1,100,000	1,100,000	4,400,000	6,600,000	0
３年目	1,100,000	1,100,000	4,400,000	6,600,000	0
４年目	1,100,000	1,100,000	4,400,000	6,600,000	0
５年目	1,100,000	1,100,000	4,400,000	6,600,000	0
６年目	1,100,000	1,100,000	4,400,000	6,600,000	0
７年目	1,100,000	1,100,000	4,400,000	6,600,000	0
８年目	1,100,000	1,100,000	4,400,000	6,600,000	0
９年目	1,100,000	1,100,000	4,400,000	6,600,000	0
10年目	1,100,000	1,100,000	4,400,000	6,600,000	0
合計	11,000,000	11,000,000	44,000,000	66,000,000 （注１）	0

○相続開始前７年以内贈与加算額（暦年課税）

	子Ａ	子Ｂ	合計
１～７年贈与	7,700,000	7,700,000	15,400,000
緩和措置（４～７年）	▲1,000,000	▲1,000,000	▲2,000,000
差引（加算額）	6,700,000	6,700,000	13,400,000 （注２）

○相続開始前贈与加算額及び贈与税額（相続時精算課税）

	子Ａ	子Ｂ	合計	贈与税額
１～10年贈与	0 ※(110万円－110万円) ×10年	0 ※(110万円－110万円) ×10年	0 （注３）	0

事例２　子への贈与金額200万円のケース

（前提）

1　贈与者……甲

2　受贈者……子ＡＢ、孫ＣＤＥＦ

3　贈与期間……10年

4　贈与総額……8,400万円

5　ケース

（1）贈与なし

（2）子について暦年課税……各人毎年200万円ずつ贈与

　　孫について暦年課税……各人毎年110万円ずつ贈与

（3）子について相続時精算課税……各人毎年200万円ずつ贈与

　　孫について暦年課税……各人毎年110万円ずつ贈与

各ケースでの税負担額等

	①財産額	②贈与額	③７年以内・精算課税加算額	④課税価格（①－②＋③）	⑤相続税額＋贈与税額
(1)のケース	200,000,000	—	—	200,000,000	27,000,000
(2)のケース※子暦年課税	200,000,000	84,000,000（注１）	26,000,000（注２）	142,000,000	13,450,000－贈与税額控除1,260,000（18万円×７年）＋支払済贈与税1,800,000（注４）＝13,990,000
(3)のケース※子精算課税	200,000,000	84,000,000（注１）	18,000,000（注３）	134,000,000	12,050,000

○各人への贈与額及び贈与税額（暦年課税）

	子A	子B	孫CDEF （4人分）	合計	贈与税額
1年目	2,000,000	2,000,000	4,400,000	8,400,000	180,000
2年目	2,000,000	2,000,000	4,400,000	8,400,000	180,000
3年目	2,000,000	2,000,000	4,400,000	8,400,000	180,000
4年目	2,000,000	2,000,000	4,400,000	8,400,000	180,000
5年目	2,000,000	2,000,000	4,400,000	8,400,000	180,000
6年目	2,000,000	2,000,000	4,400,000	8,400,000	180,000
7年目	2,000,000	2,000,000	4,400,000	8,400,000	180,000
8年目	2,000,000	2,000,000	4,400,000	8,400,000	180,000
9年目	2,000,000	2,000,000	4,400,000	8,400,000	180,000
10年目	2,000,000	2,000,000	4,400,000	8,400,000	180,000
合計	20,000,000	20,000,000	44,000,000	84,000,000 （注1）	1,800,000 （注4）

○相続開始前7年以内贈与加算額（暦年課税）

	子A	子B	合計
1～7年贈与	14,000,000	14,000,000	28,000,000
緩和措置（4～7年）	▲1,000,000	▲1,000,000	▲2,000,000
差引（加算額）	13,000,000	13,000,000	26,000,000 （注2）

○相続開始前贈与加算額及び贈与税額（相続時精算課税）

	子A	子B	合計	贈与税額
1～10年贈与	9,000,000 ※(200万円－110万円) ×10年	9,000,000 ※(200万円－110万円) ×10年	18,000,000 （注3）	(9,000,000－ 9,000,000)× 20%×2人 =0

事例３　子への贈与金額300万円のケース

（前提）

1　贈与者……甲

2　受贈者……子ＡＢ、孫ＣＤＥＦ

3　贈与期間……10年

4　贈与総額…… 1 億400万円

5　ケース

(1)　贈与なし

(2)　子について暦年課税……各人毎年300万円ずつ贈与

　　　孫について暦年課税……各人毎年110万円ずつ贈与

(3)　子について相続時精算課税……各人毎年300万円ずつ贈与

　　　孫について暦年課税……各人毎年110万円ずつ贈与

各ケースでの税負担額等

	①財産額	②贈与額	③７年以内・精算課税加算額	④課税価格（①−②+③）	⑤相続税額＋贈与税額
(1)のケース	200,000,000	—	—	200,000,000	27,000,000
(2)のケース※子暦年課税	200,000,000	104,000,000（注1）	40,000,000（注2）	136,000,000	12,400,000−贈与税額控除2,660,000（38万円×7年）+支払済贈与税3,800,000（注4）=13,540,000
(3)のケース※子精算課税	200,000,000	104,000,000（注1）	38,000,000（注3）	134,000,000	12,050,000

○各人への贈与額及び贈与税額（暦年課税）

	子Ａ	子Ｂ	孫ＣＤＥＦ （４人分）	合計	贈与税額
１年目	3,000,000	3,000,000	4,400,000	10,400,000	380,000
２年目	3,000,000	3,000,000	4,400,000	10,400,000	380,000
３年目	3,000,000	3,000,000	4,400,000	10,400,000	380,000
４年目	3,000,000	3,000,000	4,400,000	10,400,000	380,000
５年目	3,000,000	3,000,000	4,400,000	10,400,000	380,000
６年目	3,000,000	3,000,000	4,400,000	10,400,000	380,000
７年目	3,000,000	3,000,000	4,400,000	10,400,000	380,000
８年目	3,000,000	3,000,000	4,400,000	10,400,000	380,000
９年目	3,000,000	3,000,000	4,400,000	10,400,000	380,000
10年目	3,000,000	3,000,000	4,400,000	10,400,000	380,000
合計	30,000,000	30,000,000	44,000,000	104,000,000 （注１）	3,800,000 （注４）

○相続開始前７年以内贈与加算額（暦年課税）

	子Ａ	子Ｂ	合計
１～７年贈与	21,000,000	21,000,000	42,000,000
緩和措置（４～７年）	▲1,000,000	▲1,000,000	▲2,000,000
差引（加算額）	20,000,000	20,000,000	40,000,000 （注２）

○相続開始前贈与加算額及び贈与税額（相続時精算課税）

	子Ａ	子Ｂ	合計	贈与税額
１～10年贈与	19,000,000 ※（300万円－110万円） ×10年	19,000,000 ※（300万円－110万円） ×10年	38,000,000 （注３）	（19,000,000－ 19,000,000）× 20％×２人 ＝0

事例４　子への贈与金額500万円のケース

（前提）

1　贈与者……甲

2　受贈者……子ＡＢ、孫ＣＤＥＦ

3　贈与期間……10年

4　贈与総額…… 1 億4,400万円

5　ケース

　(1)　贈与なし

　(2)　子について暦年課税……各人毎年500万円ずつ贈与

　　　　孫について暦年課税……各人毎年110万円ずつ贈与

　(3)　子について相続時精算課税……各人毎年500万円ずつ贈与

　　　　孫について暦年課税……各人毎年110万円ずつ贈与

各ケースでの税負担額等

	①財産額	②贈与額	③７年以内・精算課税加算額	④課税価格（①−②+③）	⑤相続税額＋贈与税額
(1)のケース	200,000,000	—	—	200,000,000	27,000,000
(2)のケース ※子暦年課税	200,000,000	144,000,000 （注1）	68,000,000 （注2）	124,000,000	10,300,000−贈与税額控除6,790,000（97万円×7年）＋支払済贈与税9,700,000（注4）=13,210,000
(3)のケース ※子精算課税	200,000,000	144,000,000 （注1）	78,000,000 （注3）	134,000,000	12,050,000−贈与税額控除5,600,000＋支払済贈与税5,600,000（注5）=12,050,000

○各人への贈与額及び贈与税額（暦年課税）

	子A	子B	孫CDEF （4人分）	合計	贈与税額
1年目	5,000,000	5,000,000	4,400,000	14,400,000	970,000
2年目	5,000,000	5,000,000	4,400,000	14,400,000	970,000
3年目	5,000,000	5,000,000	4,400,000	14,400,000	970,000
4年目	5,000,000	5,000,000	4,400,000	14,400,000	970,000
5年目	5,000,000	5,000,000	4,400,000	14,400,000	970,000
6年目	5,000,000	5,000,000	4,400,000	14,400,000	970,000
7年目	5,000,000	5,000,000	4,400,000	14,400,000	970,000
8年目	5,000,000	5,000,000	4,400,000	14,400,000	970,000
9年目	5,000,000	5,000,000	4,400,000	14,400,000	970,000
10年目	5,000,000	5,000,000	4,400,000	14,400,000	970,000
合計	50,000,000	50,000,000	44,000,000	144,000,000 （注1）	9,700,000 （注4）

○相続開始前7年以内贈与加算額（暦年課税）

	子A	子B	合計
1〜7年贈与	35,000,000	35,000,000	70,000,000
緩和措置（4〜7年）	▲1,000,000	▲1,000,000	▲2,000,000
差引（加算額）	34,000,000	34,000,000	68,000,000 （注2）

○相続開始前贈与加算額及び贈与税額（相続時精算課税）

	子A	子B	合計	贈与税額
1〜10年贈与	39,000,000 ※(500万円−110万円) ×10年	39,000,000 ※(500万円−110万円) ×10年	78,000,000 （注3）	(39,000,000− 25,000,000)× 20%×2人 =5,600,000 （注5）

Q4-9 中期間（10年）の贈与を行う場合③（贈与者資産3億円）

贈与者の年齢を考慮すると、贈与期間は10年程度が予定されます。子に対する各年の贈与金額を110万円、200万円、300万円、500万円とした場合（孫には110万円）、相続税や贈与税の負担にどの程度の影響があるのでしょうか。

なお、贈与者の資産額は3億円です。

A 　相続税に対する贈与の効果を考える上で、贈与の期間を10年、贈与者の資産を3億円とした場合、この他に考えなければならいのは、①贈与金額、②受贈者（子か孫か等）、③暦年課税か相続時精算課税か等ですが、基本的なポイントは**Q4-7**の**A**を参照ください。

なお、贈与の効果の詳細については、下記解説の事例を参照してください。

解説

以下、事例を基に比較してみます。

＜家族関係図＞

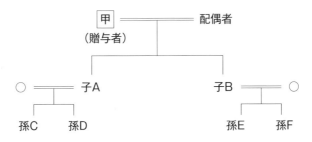

事例1　子への贈与金額110万円のケース

（前提）

1　贈与者……甲

2　受贈者……子AB、孫CDEF

3　贈与期間……10年

4　贈与総額……6,600万円

5　ケース

(1)　贈与なし

(2)　子について暦年課税……各人毎年110万円ずつ贈与

　　　孫について暦年課税……各人毎年110万円ずつ贈与

(3)　子について相続時精算課税……各人毎年110万円ずつ贈与

　　　孫について暦年課税……各人毎年110万円ずつ贈与

各ケースでの税負担額等

	①財産額	②贈与額	③7年以内・精算課税加算額	④課税価格（①－②＋③）	⑤相続税額＋贈与税額
(1)のケース	300,000,000	—	—	300,000,000	57,200,000
(2)のケース※子暦年課税	300,000,000	66,000,000（注1）	13,400,000（注2）	247,400,000	38,850,000
(3)のケース※子精算課税	300,000,000	66,000,000（注1）	0（注3）	234,000,000	35,500,000

○各人への贈与額及び贈与税額（暦年課税）

	子Ａ	子Ｂ	孫ＣＤＥＦ （４人分）	合計	贈与税額
１年目	1,100,000	1,100,000	4,400,000	6,600,000	0
２年目	1,100,000	1,100,000	4,400,000	6,600,000	0
３年目	1,100,000	1,100,000	4,400,000	6,600,000	0
４年目	1,100,000	1,100,000	4,400,000	6,600,000	0
５年目	1,100,000	1,100,000	4,400,000	6,600,000	0
６年目	1,100,000	1,100,000	4,400,000	6,600,000	0
７年目	1,100,000	1,100,000	4,400,000	6,600,000	0
８年目	1,100,000	1,100,000	4,400,000	6,600,000	0
９年目	1,100,000	1,100,000	4,400,000	6,600,000	0
10年目	1,100,000	1,100,000	4,400,000	6,600,000	0
合計	11,000,000	11,000,000	44,000,000	66,000,000 （注１）	0

○相続開始前７年以内贈与加算額（暦年課税）

	子Ａ	子Ｂ	合計
１～７年贈与	7,700,000	7,700,000	15,400,000
緩和措置（４～７年）	▲1,000,000	▲1,000,000	▲2,000,000
差引（加算額）	6,700,000	6,700,000	13,400,000 （注２）

○相続開始前贈与加算額及び贈与税額（相続時精算課税）

	子Ａ	子Ｂ	合計	贈与税額
１～10年贈与	0 ※(110万円－110万円) ×10年	0 ※(110万円－110万円) ×10年	0 （注３）	0

事例２　子への贈与金額200万円のケース

（前提）

1　贈与者……甲

2　受贈者……子ＡＢ、孫ＣＤＥＦ

3　贈与期間……10年

4　贈与総額……8,400万円

5　ケース

　(1)　贈与なし

　(2)　子について暦年課税……各人毎年200万円ずつ贈与

　　　　孫について暦年課税……各人毎年110万円ずつ贈与

　(3)　子について相続時精算課税……各人毎年200万円ずつ贈与

　　　　孫について暦年課税……各人毎年110万円ずつ贈与

各ケースでの税負担額等

	①財産額	②贈与額	③７年以内・精算課税加算額	④課税価格 (①−②+③)	⑤相続税額 ＋贈与税額
(1)のケース	300,000,000	—	—	300,000,000	57,200,000
(2)のケース ※子暦年課税	300,000,000	84,000,000 （注１）	26,000,000 （注２）	242,000,000	37,500,000－贈与税額控除1,260,000（18万円×７年）＋支払済贈与税1,800,000（注４）=38,040,000
(3)のケース ※子精算課税	300,000,000	84,000,000 （注１）	18,000,000 （注３）	234,000,000	35,500,000

○各人への贈与額及び贈与税額（暦年課税）

	子Ａ	子Ｂ	孫ＣＤＥＦ（４人分）	合計	贈与税額
１年目	2,000,000	2,000,000	4,400,000	8,400,000	180,000
２年目	2,000,000	2,000,000	4,400,000	8,400,000	180,000
３年目	2,000,000	2,000,000	4,400,000	8,400,000	180,000
４年目	2,000,000	2,000,000	4,400,000	8,400,000	180,000
５年目	2,000,000	2,000,000	4,400,000	8,400,000	180,000
６年目	2,000,000	2,000,000	4,400,000	8,400,000	180,000
７年目	2,000,000	2,000,000	4,400,000	8,400,000	180,000
８年目	2,000,000	2,000,000	4,400,000	8,400,000	180,000
９年目	2,000,000	2,000,000	4,400,000	8,400,000	180,000
10年目	2,000,000	2,000,000	4,400,000	8,400,000	180,000
合計	20,000,000	20,000,000	44,000,000	84,000,000（注１）	1,800,000（注４）

○相続開始前７年以内贈与加算額（暦年課税）

	子Ａ	子Ｂ	合計
１～７年贈与	14,000,000	14,000,000	28,000,000
緩和措置（４～７年）	▲1,000,000	▲1,000,000	▲2,000,000
差引（加算額）	13,000,000	13,000,000	26,000,000（注２）

○相続開始前贈与加算額及び贈与税額（相続時精算課税）

	子Ａ	子Ｂ	合計	贈与税額
１～10年贈与	9,000,000 ※(200万円−110万円)×10年	9,000,000 ※(200万円−110万円)×10年	18,000,000（注３）	(9,000,000−9,000,000)×20%×２人＝0

事例3　子への贈与金額300万円のケース

（前提）

1　贈与者……甲

2　受贈者……子AB、孫CDEF

3　贈与期間……10年

4　贈与総額…… 1 億400万円

5　ケース

　(1)　贈与なし

　(2)　子について暦年課税……各人毎年300万円ずつ贈与

　　　孫について暦年課税……各人毎年110万円ずつ贈与

　(3)　子について相続時精算課税……各人毎年300万円ずつ贈与

　　　孫について暦年課税……各人毎年110万円ずつ贈与

各ケースでの税負担額等

	①財産額	②贈与額	③7年以内・精算課税加算額	④課税価格（①-②+③）	⑤相続税額＋贈与税額
(1)のケース	300,000,000	—	—	300,000,000	57,200,000
(2)のケース※子暦年課税	300,000,000	104,000,000（注1）	40,000,000（注2）	236,000,000	36,000,000－贈与税控除額2,660,000（38万円×7年）＋支払済贈与税3,800,000（注4）＝37,140,000
(3)のケース※子精算課税	300,000,000	104,000,000（注1）	38,000,000（注3）	234,000,000	35,500,000

○各人への贈与額及び贈与税額（暦年課税）

	子Ａ	子Ｂ	孫ＣＤＥＦ（4人分）	合計	贈与税額
1年目	3,000,000	3,000,000	4,400,000	10,400,000	380,000
2年目	3,000,000	3,000,000	4,400,000	10,400,000	380,000
3年目	3,000,000	3,000,000	4,400,000	10,400,000	380,000
4年目	3,000,000	3,000,000	4,400,000	10,400,000	380,000
5年目	3,000,000	3,000,000	4,400,000	10,400,000	380,000
6年目	3,000,000	3,000,000	4,400,000	10,400,000	380,000
7年目	3,000,000	3,000,000	4,400,000	10,400,000	380,000
8年目	3,000,000	3,000,000	4,400,000	10,400,000	380,000
9年目	3,000,000	3,000,000	4,400,000	10,400,000	380,000
10年目	3,000,000	3,000,000	4,400,000	10,400,000	380,000
合計	30,000,000	30,000,000	44,000,000	104,000,000（注1）	3,800,000（注4）

○相続開始前７年以内贈与加算額（暦年課税）

	子Ａ	子Ｂ	合計
1〜7年贈与	21,000,000	21,000,000	42,000,000
緩和措置（4〜7年）	▲1,000,000	▲1,000,000	▲2,000,000
差引（加算額）	20,000,000	20,000,000	40,000,000（注2）

○相続開始前贈与加算額及び贈与税額（相続時精算課税）

	子Ａ	子Ｂ	合計	贈与税額
1〜10年贈与	19,000,000 ※（300万円−110万円）×10年	19,000,000 ※（300万円−110万円）×10年	38,000,000（注3）	(19,000,000 − 19,000,000) × 20% × 2人 = 0

事例4　子への贈与金額500万円のケース

（前提）

1　贈与者……甲

2　受贈者……子AB、孫CDEF

3　贈与期間……10年

4　贈与総額……1億4,400万円

5　ケース

(1)　贈与なし

(2)　子について暦年課税……各人毎年500万円ずつ贈与

　　　孫について暦年課税……各人毎年110万円ずつ贈与

(3)　子について相続時精算課税……各人毎年500万円ずつ贈与

　　　孫について暦年課税……各人毎年110万円ずつ贈与

各ケースでの税負担額等

	①財産額	②贈与額	③7年以内・精算課税加算額	④課税価格（①－②＋③）	⑤相続税額＋贈与税額
(1)のケース	300,000,000	—	—	300,000,000	57,200,000
(2)のケース ※子暦年課税	300,000,000	144,000,000（注1）	68,000,000（注2）	224,000,000	33,000,000－贈与税額控除6,790,000（97万円×7年）＋支払済贈与税9,700,000（注4）＝35,910,000
(3)のケース ※子精算課税	300,000,000	144,000,000（注1）	78,000,000（注3）	234,000,000	35,500,000－贈与税額控除5,600,000＋支払済贈与税5,600,000（注5）＝35,500,000

○各人への贈与額及び贈与税額（暦年課税）

	子Ａ	子Ｂ	孫ＣＤＥＦ （４人分）	合計	贈与税額
1年目	5,000,000	5,000,000	4,400,000	14,400,000	970,000
2年目	5,000,000	5,000,000	4,400,000	14,400,000	970,000
3年目	5,000,000	5,000,000	4,400,000	14,400,000	970,000
4年目	5,000,000	5,000,000	4,400,000	14,400,000	970,000
5年目	5,000,000	5,000,000	4,400,000	14,400,000	970,000
6年目	5,000,000	5,000,000	4,400,000	14,400,000	970,000
7年目	5,000,000	5,000,000	4,400,000	14,400,000	970,000
8年目	5,000,000	5,000,000	4,400,000	14,400,000	970,000
9年目	5,000,000	5,000,000	4,400,000	14,400,000	970,000
10年目	5,000,000	5,000,000	4,400,000	14,400,000	970,000
合計	50,000,000	50,000,000	44,000,000	144,000,000 （注1）	9,700,000 （注4）

○相続開始前７年以内贈与加算額（暦年課税）

	子Ａ	子Ｂ	合計
1～7年贈与	35,000,000	35,000,000	70,000,000
緩和措置（4～7年）	▲1,000,000	▲1,000,000	▲2,000,000
差引（加算額）	34,000,000	34,000,000	68,000,000 （注2）

○相続開始前贈与加算額及び贈与税額（相続時精算課税）

	子Ａ	子Ｂ	合計	贈与税額
1～10年贈与	39,000,000 ※(500万円-110万円) ×10年	39,000,000 ※(500万円-110万円) ×10年	78,000,000 （注3）	(39,000,000- 25,000,000)× 20%×2人 =5,600,000 （注5）

Q 4-10 中期間（10年）の贈与を行う場合④（贈与者資産５億円）

　贈与者の年齢を考慮すると、贈与期間は10年程度が予定されます。子に対する各年の贈与金額を110万円、200万円、300万円、500万円とした場合（孫には110万円）、相続税や贈与税の負担にどの程度の影響があるのでしょうか。

　なお、贈与者の資産額は５億円です。

A　相続税に対する贈与の効果を考える上で、贈与の期間を10年、贈与者の資産を５億円とした場合、この他に考えなければならいないのは、①贈与金額、②受贈者（子か孫か等）、③暦年課税か相続時精算課税か等ですが、基本的なポイントは**Q4-7**の**A**を参照ください。

　なお、贈与の効果の詳細については、下記解説の事例を参照してください。

解説

以下、事例を基に比較してみます。

＜家族関係図＞

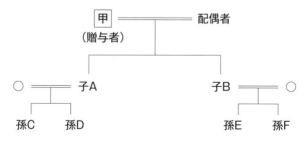

事例1　子への贈与金額110万円のケース

（前提）

1　贈与者……甲

2　受贈者……子ＡＢ、孫ＣＤＥＦ

3　贈与期間……10年

4　贈与総額……6,600万円

5　ケース

(1)　贈与なし

(2)　子について暦年課税……各人毎年110万円ずつ贈与

　　　孫について暦年課税……各人毎年110万円ずつ贈与

(3)　子について相続時精算課税……各人毎年110万円ずつ贈与

　　　孫について暦年課税……各人毎年110万円ずつ贈与

各ケースでの税負担額等

	①財産額	②贈与額	③7年以内・精算課税加算額	④課税価格（①－②＋③）	⑤相続税額＋贈与税額
(1)のケース	500,000,000	―	―	500,000,000	131,100,000
(2)のケース ※子暦年課税	500,000,000	66,000,000（注1）	13,400,000（注2）	447,400,000	108,790,000
(3)のケース ※子精算課税	500,000,000	66,000,000（注1）	0（注3）	434,000,000	104,100,000

○各人への贈与額及び贈与税額（暦年課税）

	子A	子B	孫CDEF （4人分）	合計	贈与税額
1年目	1,100,000	1,100,000	4,400,000	6,600,000	0
2年目	1,100,000	1,100,000	4,400,000	6,600,000	0
3年目	1,100,000	1,100,000	4,400,000	6,600,000	0
4年目	1,100,000	1,100,000	4,400,000	6,600,000	0
5年目	1,100,000	1,100,000	4,400,000	6,600,000	0
6年目	1,100,000	1,100,000	4,400,000	6,600,000	0
7年目	1,100,000	1,100,000	4,400,000	6,600,000	0
8年目	1,100,000	1,100,000	4,400,000	6,600,000	0
9年目	1,100,000	1,100,000	4,400,000	6,600,000	0
10年目	1,100,000	1,100,000	4,400,000	6,600,000	0
合計	11,000,000	11,000,000	44,000,000	66,000,000 （注1）	0

○相続開始前7年以内贈与加算額（暦年課税）

	子A	子B	合計
1～7年贈与	7,700,000	7,700,000	15,400,000
緩和措置（4～7年）	▲1,000,000	▲1,000,000	▲2,000,000
差引（加算額）	6,700,000	6,700,000	13,400,000 （注2）

○相続開始前贈与加算額及び贈与税額（相続時精算課税）

	子A	子B	合計	贈与税額
1～10年贈与	0 ※(110万円－110万円) ×10年	0 ※(110万円－110万円) ×10年	0 （注3）	0

事例２　子への贈与金額200万円のケース

（前提）

1　贈与者……甲

2　受贈者……子ＡＢ、孫ＣＤＥＦ

3　贈与期間……10年

4　贈与総額……8,400万円

5　ケース

(1)　贈与なし

(2)　子について暦年課税……各人毎年200万円ずつ贈与

　　　孫について暦年課税……各人毎年110万円ずつ贈与

(3)　子について相続時精算課税……各人毎年200万円ずつ贈与

　　　孫について暦年課税……各人毎年110万円ずつ贈与

各ケースでの税負担額等

	①財産額	②贈与額	③７年以内・精算課税加算額	④課税価格（①－②＋③）	⑤相続税額＋贈与税額
(1)のケース	500,000,000	—	—	500,000,000	131,100,000
(2)のケース※子暦年課税	500,000,000	84,000,000（注１）	26,000,000（注２）	442,000,000	106,900,000－贈与税額控除1,260,000（18万円×７年）＋支払済贈与税1,800,000（注４）＝107,440,000
(3)のケース※子精算課税	500,000,000	84,000,000（注１）	18,000,000（注３）	434,000,000	104,100,000

○各人への贈与額及び贈与税額（暦年課税）

	子A	子B	孫CDEF （4人分）	合計	贈与税額
1年目	2,000,000	2,000,000	4,400,000	8,400,000	180,000
2年目	2,000,000	2,000,000	4,400,000	8,400,000	180,000
3年目	2,000,000	2,000,000	4,400,000	8,400,000	180,000
4年目	2,000,000	2,000,000	4,400,000	8,400,000	180,000
5年目	2,000,000	2,000,000	4,400,000	8,400,000	180,000
6年目	2,000,000	2,000,000	4,400,000	8,400,000	180,000
7年目	2,000,000	2,000,000	4,400,000	8,400,000	180,000
8年目	2,000,000	2,000,000	4,400,000	8,400,000	180,000
9年目	2,000,000	2,000,000	4,400,000	8,400,000	180,000
10年目	2,000,000	2,000,000	4,400,000	8,400,000	180,000
合計	20,000,000	20,000,000	44,000,000	84,000,000 （注1）	1,800,000 （注4）

○相続開始前7年以内贈与加算額（暦年課税）

	子A	子B	合計
1～7年贈与	14,000,000	14,000,000	28,000,000
緩和措置（4～7年）	▲1,000,000	▲1,000,000	▲2,000,000
差引（加算額）	13,000,000	13,000,000	26,000,000 （注2）

○相続開始前贈与加算額及び贈与税額（相続時精算課税）

	子A	子B	合計	贈与税額
1～10年贈与	9,000,000 ※(200万円−110万円) ×10年	9,000,000 ※(200万円−110万円) ×10年	18,000,000 （注3）	(9,000,000− 9,000,000)× 20%×2人 =0

事例３　子への贈与金額300万円のケース

（前提）

1　贈与者……甲

2　受贈者……子ＡＢ、孫ＣＤＥＦ

3　贈与期間……10年

4　贈与総額……１億400万円

5　ケース

　(1)　贈与なし

　(2)　子について暦年課税……各人毎年300万円ずつ贈与

　　　　孫について暦年課税……各人毎年110万円ずつ贈与

　(3)　子について相続時精算課税……各人毎年300万円ずつ贈与

　　　　孫について暦年課税……各人毎年110万円ずつ贈与

各ケースでの税負担額等

	①財産額	②贈与額	③７年以内・精算課税加算額	④課税価格（①-②+③）	⑤相続税額＋贈与税額
(1)のケース	500,000,000	—	—	500,000,000	131,100,000
(2)のケース ※子暦年課税	500,000,000	104,000,000（注１）	40,000,000（注２）	436,000,000	104,800,000－贈与税額控除2,660,000（38万円×７年）＋支払済贈与税3,800,000（注４）＝105,940,000
(3)のケース ※子精算課税	500,000,000	104,000,000（注１）	38,000,000（注３）	434,000,000	104,100,000

○各人への贈与額及び贈与税額（暦年課税）

	子A	子B	孫CDEF （4人分）	合計	贈与税額
1年目	3,000,000	3,000,000	4,400,000	10,400,000	380,000
2年目	3,000,000	3,000,000	4,400,000	10,400,000	380,000
3年目	3,000,000	3,000,000	4,400,000	10,400,000	380,000
4年目	3,000,000	3,000,000	4,400,000	10,400,000	380,000
5年目	3,000,000	3,000,000	4,400,000	10,400,000	380,000
6年目	3,000,000	3,000,000	4,400,000	10,400,000	380,000
7年目	3,000,000	3,000,000	4,400,000	10,400,000	380,000
8年目	3,000,000	3,000,000	4,400,000	10,400,000	380,000
9年目	3,000,000	3,000,000	4,400,000	10,400,000	380,000
10年目	3,000,000	3,000,000	4,400,000	10,400,000	380,000
合計	30,000,000	30,000,000	44,000,000	104,000,000 （注1）	3,800,000 （注4）

○相続開始前7年以内贈与加算額（暦年課税）

	子A	子B	合計
1～7年贈与	21,000,000	21,000,000	42,000,000
緩和措置（4～7年）	▲1,000,000	▲1,000,000	▲2,000,000
差引（加算額）	20,000,000	20,000,000	40,000,000 （注2）

○相続開始前贈与加算額及び贈与税額（相続時精算課税）

	子A	子B	合計	贈与税額
1～10年贈与	19,000,000 ※（300万円−110万円） ×10年	19,000,000 ※（300万円−110万円） ×10年	38,000,000 （注3）	（19,000,000− 19,000,000）× 20%×2人 ＝0

事例４　子への贈与金額500万円のケース

（前提）

1　贈与者……甲

2　受贈者……子ＡＢ、孫ＣＤＥＦ

3　贈与期間……10年

4　贈与総額……１億4,400万円

5　ケース

(1)　贈与なし

(2)　子について暦年課税……各人毎年500万円ずつ贈与

　　　孫について暦年課税……各人毎年110万円ずつ贈与

(3)　子について相続時精算課税……各人毎年500万円ずつ贈与

　　　孫について暦年課税……各人毎年110万円ずつ贈与

各ケースでの税負担額等

	①財産額	②贈与額	③７年以内・精算課税加算額	④課税価格（①－②＋③）	⑤相続税額＋贈与税額
(1)のケース	500,000,000	—	—	500,000,000	131,100,000
(2)のケース※子暦年課税	500,000,000	144,000,000（注１）	68,000,000（注２）	424,000,000	100,600,000－贈与税額控除6,790,000（97万円×７年）＋支払済贈与税9,700,000（注４）＝103,510,000
(3)のケース※子精算課税	500,000,000	144,000,000（注１）	78,000,000（注３）	434,000,000	104,100,000－贈与税額控除5,600,000＋支払済贈与税5,600,000（注５）＝104,100,000

〇各人への贈与額及び贈与税額（暦年課税）

	子Ａ	子Ｂ	孫ＣＤＥＦ（４人分）	合計	贈与税額
１年目	5,000,000	5,000,000	4,400,000	14,400,000	970,000
２年目	5,000,000	5,000,000	4,400,000	14,400,000	970,000
３年目	5,000,000	5,000,000	4,400,000	14,400,000	970,000
４年目	5,000,000	5,000,000	4,400,000	14,400,000	970,000
５年目	5,000,000	5,000,000	4,400,000	14,400,000	970,000
６年目	5,000,000	5,000,000	4,400,000	14,400,000	970,000
７年目	5,000,000	5,000,000	4,400,000	14,400,000	970,000
８年目	5,000,000	5,000,000	4,400,000	14,400,000	970,000
９年目	5,000,000	5,000,000	4,400,000	14,400,000	970,000
10年目	5,000,000	5,000,000	4,400,000	14,400,000	970,000
合計	50,000,000	50,000,000	44,000,000	144,000,000（注1）	9,700,000（注4）

〇相続開始前７年以内贈与加算額（暦年課税）

	子Ａ	子Ｂ	合計
１～７年贈与	35,000,000	35,000,000	70,000,000
緩和措置（４～７年）	▲1,000,000	▲1,000,000	▲2,000,000
差引（加算額）	34,000,000	34,000,000	68,000,000（注2）

〇相続開始前贈与加算額及び贈与税額（相続時精算課税）

	子Ａ	子Ｂ	合計	贈与税額
１～10年贈与	39,000,000 ※(500万円－110万円)×10年	39,000,000 ※(500万円－110万円)×10年	78,000,000（注3）	(39,000,000－25,000,000)×20％×2人＝5,600,000（注5）

Q4-11 中期間（10年）の贈与を行う場合⑤（贈与者資産8億円）

> 　贈与者の年齢を考慮すると、贈与期間は10年程度が予定されます。子に対する各年の贈与金額を110万円、200万円、300万円、500万円とした場合（孫には110万円）、相続税や贈与税の負担にどの程度の影響があるのでしょうか。
>
> 　なお、贈与者の資産額は8億円です。

A　相続税に対する贈与の効果を考える上で、贈与の期間を10年、贈与者の資産を8億円とした場合、この他に考えなければならいないのは、①贈与金額、②受贈者（子か孫か等）、③暦年課税か相続時精算課税か等ですが、基本的なポイントは**Q4-7**の**A**を参照ください。

　なお、贈与の効果の詳細については、下記解説の事例を参照してください。

解説

　以下、事例を基に比較してみます。

＜家族関係図＞

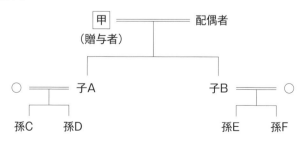

事例１　子への贈与金額110万円のケース

（前提）

1　贈与者……甲

2　受贈者……子ＡＢ、孫ＣＤＥＦ

3　贈与期間……10年

4　贈与総額……6,600万円

5　ケース

（1）贈与なし

（2）子について暦年課税……各人毎年110万円ずつ贈与

　　　孫について暦年課税……各人毎年110万円ずつ贈与

（3）子について相続時精算課税……各人毎年110万円ずつ贈与

　　　孫について暦年課税……各人毎年110万円ずつ贈与

各ケースでの税負担額等

	①財産額	②贈与額	③７年以内・精算課税加算額	④課税価格（①－②＋③）	⑤相続税額＋贈与税額
(1)のケース	800,000,000	—	—	800,000,000	262,400,000
(2)のケース ※子暦年課税	800,000,000	66,000,000（注1）	13,400,000（注2）	747,400,000	238,730,000
(3)のケース ※子精算課税	800,000,000	66,000,000（注1）	0（注3）	734,000,000	232,700,000

○各人への贈与額及び贈与税額（暦年課税）

	子A	子B	孫CDEF （4人分）	合計	贈与税額
1年目	1,100,000	1,100,000	4,400,000	6,600,000	0
2年目	1,100,000	1,100,000	4,400,000	6,600,000	0
3年目	1,100,000	1,100,000	4,400,000	6,600,000	0
4年目	1,100,000	1,100,000	4,400,000	6,600,000	0
5年目	1,100,000	1,100,000	4,400,000	6,600,000	0
6年目	1,100,000	1,100,000	4,400,000	6,600,000	0
7年目	1,100,000	1,100,000	4,400,000	6,600,000	0
8年目	1,100,000	1,100,000	4,400,000	6,600,000	0
9年目	1,100,000	1,100,000	4,400,000	6,600,000	0
10年目	1,100,000	1,100,000	4,400,000	6,600,000	0
合計	11,000,000	11,000,000	44,000,000	66,000,000 （注1）	0

○相続開始前7年以内贈与加算額（暦年課税）

	子A	子B	合計
1～7年贈与	7,700,000	7,700,000	15,400,000
緩和措置（4～7年）	▲1,000,000	▲1,000,000	▲2,000,000
差引（加算額）	6,700,000	6,700,000	13,400,000 （注2）

○相続開始前贈与加算額及び贈与税額（相続時精算課税）

	子A	子B	合計	贈与税額
1～10年贈与	0 ※(110万円－110万円) ×10年	0 ※(110万円－110万円) ×10年	0 （注3）	0

事例２　子への贈与金額200万円のケース

（前提）

1　贈与者……甲

2　受贈者……子ＡＢ、孫ＣＤＥＦ

3　贈与期間……10年

4　贈与総額……8,400万円

5　ケース

　(1)　贈与なし

　(2)　子について暦年課税……各人毎年200万円ずつ贈与

　　　　孫について暦年課税……各人毎年110万円ずつ贈与

　(3)　子について相続時精算課税……各人毎年200万円ずつ贈与

　　　　孫について暦年課税……各人毎年110万円ずつ贈与

各ケースでの税負担額等

	①財産額	②贈与額	③７年以内・精算課税加算額	④課税価格（①－②＋③）	⑤相続税額＋贈与税額
(1)のケース	800,000,000	—	—	800,000,000	262,400,000
(2)のケース ※子暦年課税	800,000,000	84,000,000（注１）	26,000,000（注２）	742,000,000	236,300,000－贈与税控除1,260,000（18万円×７年）＋支払済贈与税1,800,000（注４）＝236,840,000
(3)のケース ※子精算課税	800,000,000	84,000,000（注１）	18,000,000（注３）	734,000,000	232,700,000

○各人への贈与額及び贈与税額（暦年課税）

	子A	子B	孫CDEF （4人分）	合計	贈与税額
1年目	2,000,000	2,000,000	4,400,000	8,400,000	180,000
2年目	2,000,000	2,000,000	4,400,000	8,400,000	180,000
3年目	2,000,000	2,000,000	4,400,000	8,400,000	180,000
4年目	2,000,000	2,000,000	4,400,000	8,400,000	180,000
5年目	2,000,000	2,000,000	4,400,000	8,400,000	180,000
6年目	2,000,000	2,000,000	4,400,000	8,400,000	180,000
7年目	2,000,000	2,000,000	4,400,000	8,400,000	180,000
8年目	2,000,000	2,000,000	4,400,000	8,400,000	180,000
9年目	2,000,000	2,000,000	4,400,000	8,400,000	180,000
10年目	2,000,000	2,000,000	4,400,000	8,400,000	180,000
合計	20,000,000	20,000,000	44,000,000	84,000,000 （注1）	1,800,000 （注4）

○相続開始前7年以内贈与加算額（暦年課税）

	子A	子B	合計
1～7年贈与	14,000,000	14,000,000	28,000,000
緩和措置（4～7年）	▲1,000,000	▲1,000,000	▲2,000,000
差引（加算額）	13,000,000	13,000,000	26,000,000 （注2）

○相続開始前贈与加算額及び贈与税額（相続時精算課税）

	子A	子B	合計	贈与税額
1～10年贈与	9,000,000 ※(200万円−110万円) ×10年	9,000,000 ※(200万円−110万円) ×10年	18,000,000 （注3）	(9,000,000− 9,000,000)× 20%×2人 =0

事例３　子への贈与金額300万円のケース

（前提）

1　贈与者……甲

2　受贈者……子ＡＢ、孫ＣＤＥＦ

3　贈与期間……10年

4　贈与総額…… 1 億400万円

5　ケース

(1) 贈与なし

(2) 子について暦年課税……各人毎年300万円ずつ贈与

　　孫について暦年課税……各人毎年110万円ずつ贈与

(3) 子について相続時精算課税……各人毎年300万円ずつ贈与

　　孫について暦年課税……各人毎年110万円ずつ贈与

各ケースでの税負担額等

	①財産額	②贈与額	③7年以内・精算課税加算額	④課税価格（①－②＋③）	⑤相続税額＋贈与税額
(1)のケース	800,000,000	－	－	800,000,000	262,400,000
(2)のケース※子暦年課税	800,000,000	104,000,000（注1）	40,000,000（注2）	736,000,000	233,600,000－贈与税額控除2,660,000（38万円×7年）＋支払済贈与税3,800,000（注4）＝234,740,000
(3)のケース※子精算課税	800,000,000	104,000,000（注1）	38,000,000（注3）	734,000,000	232,700,000

○各人への贈与額及び贈与税額（暦年課税）

	子A	子B	孫CDEF （4人分）	合計	贈与税額
1年目	3,000,000	3,000,000	4,400,000	10,400,000	380,000
2年目	3,000,000	3,000,000	4,400,000	10,400,000	380,000
3年目	3,000,000	3,000,000	4,400,000	10,400,000	380,000
4年目	3,000,000	3,000,000	4,400,000	10,400,000	380,000
5年目	3,000,000	3,000,000	4,400,000	10,400,000	380,000
6年目	3,000,000	3,000,000	4,400,000	10,400,000	380,000
7年目	3,000,000	3,000,000	4,400,000	10,400,000	380,000
8年目	3,000,000	3,000,000	4,400,000	10,400,000	380,000
9年目	3,000,000	3,000,000	4,400,000	10,400,000	380,000
10年目	3,000,000	3,000,000	4,400,000	10,400,000	380,000
合計	30,000,000	30,000,000	44,000,000	104,000,000 （注1）	3,800,000 （注4）

○相続開始前7年以内贈与加算額（暦年課税）

	子A	子B	合計
1～7年贈与	21,000,000	21,000,000	42,000,000
緩和措置（4～7年）	▲1,000,000	▲1,000,000	▲2,000,000
差引（加算額）	20,000,000	20,000,000	40,000,000 （注2）

○相続開始前贈与加算額及び贈与税額（相続時精算課税）

	子A	子B	合計	贈与税額
1～10年贈与	19,000,000 ※（300万円−110万円） ×10年	19,000,000 ※（300万円−110万円） ×10年	38,000,000 （注3）	（19,000,000− 19,000,000）× 20%×2人 =0

事例4　子への贈与金額500万円のケース

（前提）

1　贈与者……甲

2　受贈者……子ＡＢ、孫ＣＤＥＦ

3　贈与期間……10年

4　贈与総額…… 1億4,400万円

5　ケース

(1)　贈与なし

(2)　子について暦年課税……各人毎年500万円ずつ贈与

　　　孫について暦年課税……各人毎年110万円ずつ贈与

(3)　子について相続時精算課税……各人毎年500万円ずつ贈与

　　　孫について暦年課税……各人毎年110万円ずつ贈与

各ケースでの税負担額等

	①財産額	②贈与額	③7年以内・精算課税加算額	④課税価格（①－②＋③）	⑤相続税額＋贈与税額
(1)のケース	800,000,000	―	―	800,000,000	262,400,000
(2)のケース※子暦年課税	800,000,000	144,000,000（注1）	68,000,000（注2）	724,000,000	228,200,000－贈与税額控除6,790,000（97万円×7年）＋支払済贈与税9,700,000（注4）＝231,110,000
(3)のケース※子精算課税	800,000,000	144,000,000（注1）	78,000,000（注3）	734,000,000	232,700,000－贈与税額控除5,600,000＋支払済贈与税5,600,000（注5）＝232,700,000

○各人への贈与額及び贈与税額（暦年課税）

	子A	子B	孫CDEF（4人分）	合計	贈与税額
1年目	5,000,000	5,000,000	4,400,000	14,400,000	970,000
2年目	5,000,000	5,000,000	4,400,000	14,400,000	970,000
3年目	5,000,000	5,000,000	4,400,000	14,400,000	970,000
4年目	5,000,000	5,000,000	4,400,000	14,400,000	970,000
5年目	5,000,000	5,000,000	4,400,000	14,400,000	970,000
6年目	5,000,000	5,000,000	4,400,000	14,400,000	970,000
7年目	5,000,000	5,000,000	4,400,000	14,400,000	970,000
8年目	5,000,000	5,000,000	4,400,000	14,400,000	970,000
9年目	5,000,000	5,000,000	4,400,000	14,400,000	970,000
10年目	5,000,000	5,000,000	4,400,000	14,400,000	970,000
合計	50,000,000	50,000,000	44,000,000	144,000,000（注1）	9,700,000（注4）

○相続開始前7年以内贈与加算額（暦年課税）

	子A	子B	合計
1～7年贈与	35,000,000	35,000,000	70,000,000
緩和措置（4～7年）	▲1,000,000	▲1,000,000	▲2,000,000
差引（加算額）	34,000,000	34,000,000	68,000,000（注2）

○相続開始前贈与加算額及び贈与税額（相続時精算課税）

	子A	子B	合計	贈与税額
1～10年贈与	39,000,000 ※（500万円−110万円）×10年	39,000,000 ※（500万円−110万円）×10年	78,000,000（注3）	（39,000,000−25,000,000）×20%×2人＝5,600,000（注5）

Q4-12 中期間（10年）の贈与を行う場合⑥（贈与者資産10億円）

　贈与者の年齢を考慮すると、贈与期間は10年程度が予定されます。子に対する各年の贈与金額を110万円、200万円、300万円、500万円とした場合（孫には110万円）、相続税や贈与税の負担にどの程度の影響があるのでしょうか。

　なお、贈与者の資産は10億円です。

A　相続税に対する贈与の効果を考える上で、贈与の期間を10年、贈与者の資産を10億円とした場合、この他に考えなければならないのは、①贈与金額、②受贈者（子か孫か等）、③暦年課税か相続時精算課税か等ですが、基本的なポイントは**Q4-7**の**A**を参照ください。

　なお、贈与の効果の詳細については、下記解説の事例を参照してください。

解説

以下、事例を基に比較してみます。

＜家族関係図＞

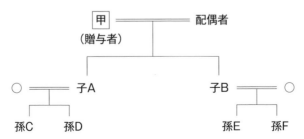

事例1　子への贈与金額110万円のケース

（前提）

1　贈与者……甲

2　受贈者……子AB、孫CDEF

3　贈与期間……10年

4　贈与総額……6,600万円

5　ケース

(1)　贈与なし

(2)　子について暦年課税……各人毎年110万円ずつ贈与

　　　孫について暦年課税……各人毎年110万円ずつ贈与

(3)　子について相続時精算課税……各人毎年110万円ずつ贈与

　　　孫について暦年課税……各人毎年110万円ずつ贈与

各ケースでの税負担額等

	①財産額	②贈与額	③7年以内・精算課税加算額	④課税価格（①－②＋③）	⑤相続税額＋贈与税額
(1)のケース	1,000,000,000	—	—	1,000,000,000	356,200,000
(2)のケース※子暦年課税	1,000,000,000	66,000,000（注1）	13,400,000（注2）	947,400,000	331,215,000
(3)のケース※子精算課税	1,000,000,000	66,000,000（注1）	0（注3）	934,000,000	324,850,000

〇各人への贈与額及び贈与税額（暦年課税）

	子A	子B	孫CDEF （4人分）	合計	贈与税額
1年目	1,100,000	1,100,000	4,400,000	6,600,000	0
2年目	1,100,000	1,100,000	4,400,000	6,600,000	0
3年目	1,100,000	1,100,000	4,400,000	6,600,000	0
4年目	1,100,000	1,100,000	4,400,000	6,600,000	0
5年目	1,100,000	1,100,000	4,400,000	6,600,000	0
6年目	1,100,000	1,100,000	4,400,000	6,600,000	0
7年目	1,100,000	1,100,000	4,400,000	6,600,000	0
8年目	1,100,000	1,100,000	4,400,000	6,600,000	0
9年目	1,100,000	1,100,000	4,400,000	6,600,000	0
10年目	1,100,000	1,100,000	4,400,000	6,600,000	0
合計	11,000,000	11,000,000	44,000,000	66,000,000 （注1）	0

〇相続開始前7年以内贈与加算額（暦年課税）

	子A	子B	合計
1～7年贈与	7,700,000	7,700,000	15,400,000
緩和措置（4～7年）	▲1,000,000	▲1,000,000	▲2,000,000
差引（加算額）	6,700,000	6,700,000	13,400,000 （注2）

〇相続開始前贈与加算額及び贈与税額（相続時精算課税）

	子A	子B	合計	贈与税額
1～10年贈与	0 ※（110万円−110万円） ×10年	0 ※（110万円−110万円） ×10年	0 （注3）	0

事例2　子への贈与金額200万円のケース

（前提）

1　贈与者……甲

2　受贈者……子AB、孫CDEF

3　贈与期間……10年

4　贈与総額……8,400万円

5　ケース

(1)　贈与なし

(2)　子について暦年課税……各人毎年200万円ずつ贈与

　　　孫について暦年課税……各人毎年110万円ずつ贈与

(3)　子について相続時精算課税……各人毎年200万円ずつ贈与

　　　孫について暦年課税……各人毎年110万円ずつ贈与

各ケースでの税負担額等

	①財産額	②贈与額	③7年以内・精算課税加算額	④課税価格（①－②＋③）	⑤相続税額＋贈与税額
(1)のケース	1,000,000,000	―	―	1,000,000,000	356,200,000
(2)のケース※子暦年課税	1,000,000,000	84,000,000（注1）	26,000,000（注2）	942,000,000	328,650,000－贈与税控除1,260,000（18万円×7年）＋支払済贈与税1,800,000（注4）＝329,190,000
(3)のケース※子精算課税	1,000,000,000	84,000,000（注1）	18,000,000（注3）	934,000,000	324,850,000

○各人への贈与額及び贈与税額（暦年課税）

	子Ａ	子Ｂ	孫ＣＤＥＦ（４人分）	合計	贈与税額
１年目	2,000,000	2,000,000	4,400,000	8,400,000	180,000
２年目	2,000,000	2,000,000	4,400,000	8,400,000	180,000
３年目	2,000,000	2,000,000	4,400,000	8,400,000	180,000
４年目	2,000,000	2,000,000	4,400,000	8,400,000	180,000
５年目	2,000,000	2,000,000	4,400,000	8,400,000	180,000
６年目	2,000,000	2,000,000	4,400,000	8,400,000	180,000
７年目	2,000,000	2,000,000	4,400,000	8,400,000	180,000
８年目	2,000,000	2,000,000	4,400,000	8,400,000	180,000
９年目	2,000,000	2,000,000	4,400,000	8,400,000	180,000
10年目	2,000,000	2,000,000	4,400,000	8,400,000	180,000
合計	20,000,000	20,000,000	44,000,000	84,000,000（注１）	1,800,000（注４）

○相続開始前７年以内贈与加算額（暦年課税）

	子Ａ	子Ｂ	合計
１〜７年贈与	14,000,000	14,000,000	28,000,000
緩和措置（４〜７年）	▲1,000,000	▲1,000,000	▲2,000,000
差引（加算額）	13,000,000	13,000,000	26,000,000（注２）

○相続開始前贈与加算額及び贈与税額（相続時精算課税）

	子Ａ	子Ｂ	合計	贈与税額
１〜10年贈与	9,000,000 ※(200万円−110万円)×10年	9,000,000 ※(200万円−110万円)×10年	18,000,000（注３）	(9,000,000−9,000,000)×20%×２人＝0

事例3　子への贈与金額300万円のケース

（前提）

1　贈与者……甲

2　受贈者……子AB、孫CDEF

3　贈与期間……10年

4　贈与総額……1億400万円

5　ケース

(1)　贈与なし

(2)　子について暦年課税……各人毎年300万円ずつ贈与

　　　孫について暦年課税……各人毎年110万円ずつ贈与

(3)　子について相続時精算課税……各人毎年300万円ずつ贈与

　　　孫について暦年課税……各人毎年110万円ずつ贈与

各ケースでの税負担額等

	①財産額	②贈与額	③7年以内・精算課税加算額	④課税価格（①－②＋③）	⑤相続税額＋贈与税額
(1)のケース	1,000,000,000	－	－	1,000,000,000	356,200,000
(2)のケース※子暦年課税	1,000,000,000	104,000,000（注1）	40,000,000（注2）	936,000,000	325,800,000－贈与税額控除2,660,000（38万円×7年）＋支払済贈与税3,800,000（注4）＝326,940,000
(3)のケース※子精算課税	1,000,000,000	104,000,000（注1）	38,000,000（注3）	934,000,000	324,850,000

○各人への贈与額及び贈与税額（暦年課税）

	子A	子B	孫CDEF （4人分）	合計	贈与税額
1年目	3,000,000	3,000,000	4,400,000	10,400,000	380,000
2年目	3,000,000	3,000,000	4,400,000	10,400,000	380,000
3年目	3,000,000	3,000,000	4,400,000	10,400,000	380,000
4年目	3,000,000	3,000,000	4,400,000	10,400,000	380,000
5年目	3,000,000	3,000,000	4,400,000	10,400,000	380,000
6年目	3,000,000	3,000,000	4,400,000	10,400,000	380,000
7年目	3,000,000	3,000,000	4,400,000	10,400,000	380,000
8年目	3,000,000	3,000,000	4,400,000	10,400,000	380,000
9年目	3,000,000	3,000,000	4,400,000	10,400,000	380,000
10年目	3,000,000	3,000,000	4,400,000	10,400,000	380,000
合計	30,000,000	30,000,000	44,000,000	104,000,000 （注1）	3,800,000 （注4）

○相続開始前7年以内贈与加算額（暦年課税）

	子A	子B	合計
1～7年贈与	21,000,000	21,000,000	42,000,000
緩和措置（4～7年）	▲1,000,000	▲1,000,000	▲2,000,000
差引（加算額）	20,000,000	20,000,000	40,000,000 （注2）

○相続開始前贈与加算額及び贈与税額（相続時精算課税）

	子A	子B	合計	贈与税額
1～10年贈与	19,000,000 ※（300万円－110万円） ×10年	19,000,000 ※（300万円－110万円） ×10年	38,000,000 （注3）	（19,000,000－ 19,000,000）× 20％×2人 ＝0

事例4　子への贈与金額500万円のケース

（前提）

1　贈与者……甲

2　受贈者……子ＡＢ、孫ＣＤＥＦ

3　贈与期間……10年

4　贈与総額……1億4,400万円

5　ケース

　(1)　贈与なし

　(2)　子について暦年課税……各人毎年500万円ずつ贈与

　　　　孫について暦年課税……各人毎年110万円ずつ贈与

　(3)　子について相続時精算課税……各人毎年500万円ずつ贈与

　　　　孫について暦年課税……各人毎年110万円ずつ贈与

各ケースでの税負担額等

	①財産額	②贈与額	③7年以内・精算課税加算額	④課税価格（①−②+③）	⑤相続税額＋贈与税額
(1)のケース	10,000,000,000	—	—	1,000,000,000	356,200,000
(2)のケース ※子暦年課税	1,000,000,000	144,000,000 （注1）	68,000,000 （注2）	924,000,000	320,100,000−贈与税額控除6,790,000（97万円×7年）＋支払済贈与税9,700,000（注4）＝323,010,000
(3)のケース ※子精算課税	1,000,000,000	144,000,000 （注1）	78,000,000 （注3）	934,000,000	324,850,000−贈与税額控除5,600,000＋支払済増税5,600,000（注5）＝324,850,000

○各人への贈与額及び贈与税額（暦年課税）

	子A	子B	孫CDEF （4人分）	合計	贈与税額
1年目	5,000,000	5,000,000	4,400,000	14,400,000	970,000
2年目	5,000,000	5,000,000	4,400,000	14,400,000	970,000
3年目	5,000,000	5,000,000	4,400,000	14,400,000	970,000
4年目	5,000,000	5,000,000	4,400,000	14,400,000	970,000
5年目	5,000,000	5,000,000	4,400,000	14,400,000	970,000
6年目	5,000,000	5,000,000	4,400,000	14,400,000	970,000
7年目	5,000,000	5,000,000	4,400,000	14,400,000	970,000
8年目	5,000,000	5,000,000	4,400,000	14,400,000	970,000
9年目	5,000,000	5,000,000	4,400,000	14,400,000	970,000
10年目	5,000,000	5,000,000	4,400,000	14,400,000	970,000
合計	50,000,000	50,000,000	44,000,000	144,000,000 （注1）	9,700,000 （注4）

○相続開始前7年以内贈与加算額（暦年課税）

	子A	子B	合計
1〜7年贈与	35,000,000	35,000,000	70,000,000
緩和措置（4〜7年）	▲1,000,000	▲1,000,000	▲2,000,000
差引（加算額）	34,000,000	34,000,000	68,000,000 （注2）

○相続開始前贈与加算額及び贈与税額（相続時精算課税）

	子A	子B	合計	贈与税額
1〜10年贈与	39,000,000 ※(500万円−110万円) ×10年	39,000,000 ※(500万円−110万円) ×10年	78,000,000 （注3）	(39,000,000− 25,000,000)× 20%×2人 =5,600,000 （注5）

（参考②）　各孫への贈与金額を増加した場合

（中期間（10年）の贈与・贈与者資産10億円）

　贈与者の遺産額が高額になると、通常の贈与による税負担軽減の効果も少なくなることから、下記の例では各子の他、各孫についても年間500万円の贈与をすることで贈与額を増加させた内容になっています。

子への贈与金額500万円／孫への贈与金額500万円のケース

（前提）

1　贈与者……甲

2　受贈者……子ＡＢ、孫ＣＤＥＦ

3　贈与期間……10年

4　贈与総額……３億円

5　ケース

　(1)　贈与なし

　(2)　子について暦年課税……各人年間500万円ずつ贈与

　　　孫について暦年課税……各人毎年500万円ずつ贈与

　(3)　子について相続時精算課税……各人毎年500万円ずつ贈与

　　　孫について暦年課税……各人毎年500万円ずつ贈与

各ケースでの税負担額等

	①財産額	②贈与額	③7年以内・精算課税加算額	④課税価格（①－②＋③）	⑤相続税額＋贈与税額
(1)のケース	1,000,000,000	—	—	1,000,000,000	356,200,000
(2)のケース※子暦年課税	1,000,000,000	300,000,000（注1）	68,000,000（注2）	768,000,000	248,000,000－贈与税額控除6,790,000（97万円×7年）＋支払済贈与税29,100,000（注4）＝270,310,000
(3)のケース※子精算課税	1,000,000,000	300,000,000（注1）	78,000,000（注3）	778,000,000	252,500,000－贈与税額控除5,600,000＋支払済増税19,400,000（48.5万円×孫4人×10年）＋5,600,000（注5）＝271,900,000

○各人への贈与額及び贈与税額（暦年課税）

	子Ａ	子Ｂ	孫ＣＤＥＦ （４人分）	合計	贈与税額
１年目	5,000,000	5,000,000	20,000,000	30,000,000	2,910,000
２年目	5,000,000	5,000,000	20,000,000	30,000,000	2,910,000
３年目	5,000,000	5,000,000	20,000,000	30,000,000	2,910,000
４年目	5,000,000	5,000,000	20,000,000	30,000,000	2,910,000
５年目	5,000,000	5,000,000	20,000,000	30,000,000	2,910,000
６年目	5,000,000	5,000,000	20,000,000	30,000,000	2,910,000
７年目	5,000,000	5,000,000	20,000,000	30,000,000	2,910,000
８年目	5,000,000	5,000,000	20,000,000	30,000,000	2,910,000
９年目	5,000,000	5,000,000	20,000,000	30,000,000	2,910,000
10年目	5,000,000	5,000,000	20,000,000	30,000,000	2,910,000
合計	50,000,000	50,000,000	200,000,000	300,000,000 （注１）	29,100,000 （注４）

○相続開始前７年以内贈与加算額（暦年課税）

	子Ａ	子Ｂ	合計
１〜７年贈与	35,000,000	35,000,000	70,000,000
緩和措置（４〜７年）	▲1,000,000	▲1,000,000	▲2,000,000
差引（加算額）	34,000,000	34,000,000	68,000,000 （注２）

○相続開始前贈与加算額及び贈与税額（相続時精算課税）

	子Ａ	子Ｂ	合計	贈与税額
１〜10年贈与	39,000,000 ※(500万円-110万円) ×10年	39,000,000 ※(500万円-110万円) ×10年	78,000,000 （注３）	(39,000,000 - 25,000,000) × 20% × ２人 = 5,600,000 （注５）

3 短期間（5年）の贈与のシミュレーション

Q4-13 短期間（5年）の贈与を行う場合①（贈与者資産1.5億円）

贈与者の年齢を考慮すると、贈与期間は5年程度が予定されます。子に対する各年の贈与金額を110万円、200万円、300万円、500万円とした場合（孫には110万円）、相続税や贈与税の負担にどの程度の影響があるのでしょうか。

なお、贈与者の資産は1.5億円です。

A　1　相続税に対する贈与の効果を考える上で、贈与の期間を5年、贈与者の資産を1.5億円とした場合、他には次の要素があります。

(1)　贈与金額

(2)　受贈者（子か孫か等）

(3)　暦年課税か相続時精算課税か

2　ここで、(2)については、一般的に孫に対する贈与は暦年課税における相続開始前7年以内の贈与加算対象にはなりませんので有利（税負担が小）となる傾向があります。

3　また、子に対する贈与については、暦年課税の場合は相続開始前7年以内の贈与加算の対象になります。一方で子に対する贈与でも相続時精算課税の場合は、110万円の基礎控除までは贈与加算の対象になりません(注)。

　（注）　110万円を超える金額については、年数に関係なく相続財産に加算

されます。

4　贈与期間が短期間の場合、子に対する贈与については、上記相続時精算課税の基礎控除の適用により相続時精算課税の方が有利（税負担が小）となる傾向があります。

5　相続開始までの5年間に子に暦年課税で贈与した場合、基本的にすべて贈与加算の対象となってしまい、対策の効果はありません。そのため、子以外（孫等）への贈与を中心に検討することが必要です。

6　なお、全ての事例に共通することですが、暦年課税贈与と相続時精算課税贈与の税負担の差に比較し、贈与を行ったか否かの税負担の差（贈与を行っていない場合と贈与を行った場合の税負担の差）が大きいことが分かります。

※税負担の軽減だけでなく、贈与を受けた子がその資金を貯蓄すれば、その分相続時に用意が必要な納税資金は少なくて済むので、その効果も考慮すべきと思います。

＜例＞　相続税が1,000万円減少し贈与資金を2,000万円貯蓄できれば計3,000万円の効果

※贈与期間が短く、贈与者の資産も高額で納税資金等に問題がある場合は、下記事例にあるような贈与では限界があるため、抜本的な対応が必要になると考えられます。

なお、孫にかなり高額な贈与をする例をP282に掲載していますので、参考にしてください。

詳しくは下記解説の事例を参照してください。

解説

以下、事例を基に比較してみます。

＜家族関係図＞

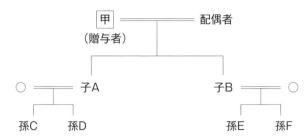

事例1　子への贈与金額110万円のケース

（前提）

1　贈与者……甲

2　受贈者……子AB、孫CDEF

3　贈与期間……5年

4　贈与総額……3,300万円

5　ケース

 (1)　贈与なし

 (2)　子について暦年課税……各人毎年110万円ずつ贈与

 　　　孫について暦年課税……各人毎年110万円ずつ贈与

 (3)　子について相続時精算課税……各人毎年110万円ずつ贈与

 　　　孫について暦年課税……各人毎年110万円ずつ贈与

各ケースでの税負担額等

	①財産額	②贈与額	③7年以内・精算課税加算額	④課税価格（①−②+③）	⑤相続税額＋贈与税額
(1)のケース	150,000,000	—	—	150,000,000	14,950,000
(2)のケース ※子暦年課税	150,000,000	33,000,000（注1）	9,000,000（注2）	126,000,000	10,650,000
(3)のケース ※子暦年課税	150,000,000	33,000,000（注1）	0（注3）	117,000,000	9,075,000

○各人への贈与額及び贈与税額（暦年課税）

	子A	子B	孫CDEF（4人分）	合計	贈与税額
1年目	1,100,000	1,100,000	4,400,000	6,600,000	0
2年目	1,100,000	1,100,000	4,400,000	6,600,000	0
3年目	1,100,000	1,100,000	4,400,000	6,600,000	0
4年目	1,100,000	1,100,000	4,400,000	6,600,000	0
5年目	1,100,000	1,100,000	4,400,000	6,600,000	0
合計	5,500,000	5,500,000	22,000,000	33,000,000（注1）	0

○相続開始前7年（5年）以内贈与加算額（暦年課税）

	子A	子B	合計
1〜7（5）年贈与	5,500,000	5,500,000	11,000,000
緩和措置（4〜7年）	▲1,000,000	▲1,000,000	▲2,000,000
差引（加算額）	4,500,000	4,500,000	9,000,000（注2）

○相続開始前贈与加算額及び贈与税額（相続時精算課税）

	子A	子B	合計	贈与税額
1〜5年贈与	0 ※（110万円−110万円）×5年	0 ※（110万円−110万円）×5年	0（注3）	0

事例2　子への贈与金額200万円のケース

（前提）

1　贈与者……甲

2　受贈者……子AB、孫CDEF

3　贈与期間……5年

4　贈与総額……4,200万円

5　ケース

(1)　贈与なし

(2)　子について暦年課税……各人毎年200万円ずつ贈与

　　　孫について暦年課税……各人毎年110万円ずつ贈与

(3)　子について相続時精算課税……各人毎年200万円ずつ贈与

　　　孫について暦年課税……各人毎年110万円ずつ贈与

各ケースでの税負担額等

	①財産額	②贈与額	③7年以内・精算課税加算額	④課税価格（①－②+③）	⑤相続税額＋贈与税額
(1)のケース	150,000,000	―	―	150,000,000	14,950,000
(2)のケース ※子暦年課税	150,000,000	42,000,000 （注1）	18,000,000 （注2）	126,000,000	10,650,000 － 贈与税額控除900,000（18万円 × 5年）＋支払済贈与税900,000（注4）＝10,650,000
(3)のケース ※子精算課税	150,000,000	42,000,000 （注1）	9,000,000 （注3）	117,000,000	9,075,000

○各人への贈与額及び贈与税額（暦年課税）

	子Ａ	子Ｂ	孫ＣＤＥＦ（４人分）	合計	贈与税額
１年目	2,000,000	2,000,000	4,400,000	8,400,000	180,000
２年目	2,000,000	2,000,000	4,400,000	8,400,000	180,000
３年目	2,000,000	2,000,000	4,400,000	8,400,000	180,000
４年目	2,000,000	2,000,000	4,400,000	8,400,000	180,000
５年目	2,000,000	2,000,000	4,400,000	8,400,000	180,000
合計	10,000,000	10,000,000	22,000,000	42,000,000（注１）	900,000（注４）

○相続開始前７年（５年）以内贈与加算額（暦年課税）

	子Ａ	子Ｂ	合計
１～７（５）年贈与	10,000,000	10,000,000	20,000,000
緩和措置（４～７年）	▲1,000,000	▲1,000,000	▲2,000,000
差引（加算額）	9,000,000	9,000,000	18,000,000（注２）

○相続開始前贈与加算額及び贈与税額（相続時精算課税）

	子Ａ	子Ｂ	合計	贈与税額
１～５年贈与	4,500,000 ※(200万円−110万円)×5年	4,500,000 ※(200万円−110万円)×5年	9,000,000（注３）	(4,500,000−4,500,000)×20%×2人 = 0

事例3　子への贈与金額300万円のケース

（前提）

1　贈与者……甲

2　受贈者……子ＡＢ、孫ＣＤＥＦ

3　贈与期間……5年

4　贈与総額……5,200万円

5　ケース

(1)　贈与なし

(2)　子について暦年課税……各人毎年300万円ずつ贈与

　　　孫について暦年課税……各人毎年110万円ずつ贈与

(3)　子について相続時精算課税……各人毎年300万円ずつ贈与

　　　孫について暦年課税……各人毎年110万円ずつ贈与

各ケースでの税負担額等

	①財産額	②贈与額	③7年以内・精算課税加算額	④課税価格（①－②＋③）	⑤相続税額＋贈与税額
(1)のケース	150,000,000	—	—	150,000,000	14,950,000
(2)のケース※子暦年課税	150,000,000	52,000,000（注1）	28,000,000（注2）	126,000,000	10,650,000－贈与税額控除1,900,000（38万円×5年）＋支払済贈与税1,900,000（注4）＝10,650,000
(3)のケース※子精算課税	150,000,000	52,000,000（注1）	19,000,000（注3）	117,000,000	9,075,000

○各人への贈与額及び贈与税額（暦年課税）

	子A	子B	孫CDEF（4人分）	合計	贈与税額
1年目	3,000,000	3,000,000	4,400,000	10,400,000	380,000
2年目	3,000,000	3,000,000	4,400,000	10,400,000	380,000
3年目	3,000,000	3,000,000	4,400,000	10,400,000	380,000
4年目	3,000,000	3,000,000	4,400,000	10,400,000	380,000
5年目	3,000,000	3,000,000	4,400,000	10,400,000	380,000
合計	15,000,000	15,000,000	22,000,000	52,000,000（注1）	1,900,000（注4）

○相続開始前7年（5年）以内贈与加算額（暦年課税）

	子A	子B	合計
1～7（5）年贈与	15,000,000	15,000,000	30,000,000
緩和措置（4～7年）	▲1,000,000	▲1,000,000	▲2,000,000
差引（加算額）	14,000,000	14,000,000	28,000,000（注2）

○相続開始前贈与加算額及び贈与税額（相続時精算課税）

	子A	子B	合計	贈与税額
1～5年贈与	9,500,000 ※（300万円－110万円）×5年	9,500,000 ※（300万円－110万円）×5年	19,000,000（注3）	（9,500,000－9,500,000）×20%×2人＝0

事例4　子への贈与金額500万円のケース

（前提）

1　贈与者……甲

2　受贈者……子AB、孫CDEF

3　贈与期間……5年

4　贈与総額……7,200万円

5　ケース

　(1)　贈与なし

　(2)　子について暦年課税……各人毎年500万円ずつ贈与

　　　　孫について暦年課税……各人毎年110万円ずつ贈与

　(3)　子について相続時精算課税……各人毎年500万円ずつ贈与

　　　　孫について暦年課税……各人毎年110万円ずつ贈与

各ケースでの税負担額等

	①財産額	②贈与額	③7年以内・精算課税加算額	④課税価格（①－②＋③）	⑤相続税額＋贈与税額
(1)のケース	150,000,000	—	—	150,000,000	14,950,000
(2)のケース※子暦年課税	150,000,000	72,000,000（注1）	48,000,000（注2）	126,000,000	10,650,000 － 贈与税額控除4,850,000（97万円 × 5年）＋ 支払済贈与税4,850,000（注4）= 10,650,000
(3)のケース※子精算課税	150,000,000	72,000,000（注1）	39,000,000（注3）	117,000,000	9,075,000

○各人への贈与額及び贈与税額（暦年課税）

	子A	子B	孫CDEF （4人分）	合計	贈与税額
1年目	5,000,000	5,000,000	4,400,000	14,400,000	970,000
2年目	5,000,000	5,000,000	4,400,000	14,400,000	970,000
3年目	5,000,000	5,000,000	4,400,000	14,400,000	970,000
4年目	5,000,000	5,000,000	4,400,000	14,400,000	970,000
5年目	5,000,000	5,000,000	4,400,000	14,400,000	970,000
合計	25,000,000	25,000,000	22,000,000	72,000,000 （注1）	4,850,000 （注4）

○相続開始前7年（5年）以内贈与加算額（暦年課税）

	子A	子B	合計
1～7（5）年贈与	25,000,000	25,000,000	50,000,000
緩和措置（4～7年）	▲1,000,000	▲1,000,000	▲2,000,000
差引（加算額）	24,000,000	24,000,000	48,000,000 （注2）

○相続開始前贈与加算額及び贈与税額（相続時精算課税）

	子A	子B	合計	贈与税額
1～5年贈与	19,500,000 ※（500万円－110万円） ×5年	19,500,000 ※（500万円－110万円） ×5年	39,000,000 （注3）	（19,500,000－ 19,500,000）× 20%×2人 ＝0

Q4-14 短期間（5年）の贈与を行う場合②（贈与者資産2億円）

贈与者の年齢を考慮すると、贈与期間は5年程度が予定されます。子に対する各年の贈与金額を110万円、200万円、300万円、500万円とした場合（孫には110万円）、相続税や贈与税の負担にどの程度の影響があるのでしょうか。

なお、贈与者の資産は2億円です。

A 　相続税に対する贈与の効果を考える上で、贈与の期間を5年、贈与者の資産を2億円とした場合、この他に考えなければならいないのは、①贈与金額、②受贈者（子か孫か等）、③暦年課税か相続時精算課税か等ですが、基本的なポイントは**Q4-13**の**A**を参照ください。

なお、贈与の効果の詳細については、下記解説の事例を参照してください。

解説

以下、事例を基に比較してみます。

＜家族関係図＞

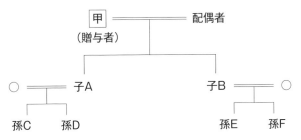

事例１　子への贈与金額110万円のケース

（前提）

1　贈与者……甲

2　受贈者……子ＡＢ、孫ＣＤＥＦ

3　贈与期間……５年

4　贈与総額……3,300万円

5　ケース

(1)　贈与なし

(2)　子について暦年課税……各人毎年110万円ずつ贈与

　　　孫について暦年課税……各人毎年110万円ずつ贈与

(3)　子について相続時精算課税……各人毎年110万円ずつ贈与

　　　孫について暦年課税……各人毎年110万円ずつ贈与

各ケースでの税負担額等

	①財産額	②贈与額	③７年以内・精算課税加算額	④課税価格（①－②＋③）	⑤相続税額＋贈与税額
(1)のケース	200,000,000	－	－	200,000,000	27,000,000
(2)のケース ※子暦年課税	200,000,000	33,000,000 （注１）	9,000,000 （注２）	176,000,000	21,000,000
(3)のケース ※子精算課税	200,000,000	33,000,000 （注１）	0 （注３）	167,000,000	18,775,000

○各人への贈与額及び贈与税額（暦年課税）

	子A	子B	孫CDEF（4人分）	合計	贈与税額
1年目	1,100,000	1,100,000	4,400,000	6,600,000	0
2年目	1,100,000	1,100,000	4,400,000	6,600,000	0
3年目	1,100,000	1,100,000	4,400,000	6,600,000	0
4年目	1,100,000	1,100,000	4,400,000	6,600,000	0
5年目	1,100,000	1,100,000	4,400,000	6,600,000	0
合計	5,500,000	5,500,000	22,000,000	33,000,000（注1）	0

○相続開始前7年（5年）以内贈与加算額（暦年課税）

	子A	子B	合計
1～7（5）年贈与	5,500,000	5,500,000	11,000,000
緩和措置（4～7年）	▲1,000,000	▲1,000,000	▲2,000,000
差引（加算額）	4,500,000	4,500,000	9,000,000（注2）

○相続開始前贈与加算額及び贈与税額（相続時精算課税）

	子A	子B	合計	贈与税額
1～5年贈与	0 ※(110万円－110万円)×5年	0 ※(110万円－110万円)×5年	0（注3）	0

事例2 子への贈与金額200万円のケース

（前提）

1 贈与者……甲

2 受贈者……子AB、孫CDEF

3 贈与期間……5年

4 贈与総額……4,200万円

5 ケース

(1) 贈与なし

(2) 子について暦年課税……各人毎年200万円ずつ贈与

孫について暦年課税……各人毎年110万円ずつ贈与

(3) 子について相続時精算課税……各人毎年200万円ずつ贈与

孫について暦年課税……各人毎年110万円ずつ贈与

各ケースでの税負担額等

	①財産額	②贈与額	③7年以内・精算課税加算額	④課税価格（①－②＋③）	⑤相続税額＋贈与税額
(1)のケース	200,000,000	—	—	200,000,000	27,000,000
(2)のケース※子暦年課税	200,000,000	42,000,000（注1）	18,000,000（注2）	176,000,000	21,000,000－贈与税額控除900,000（18万円×5年）＋支払済贈与税900,000（注4）＝21,000,000
(3)のケース※子精算課税	200,000,000	42,000,000（注1）	9,000,000（注3）	167,000,000	18,775,000

○各人への贈与額及び贈与税額（暦年課税）

	子A	子B	孫CDEF （4人分）	合計	贈与税額
1年目	2,000,000	2,000,000	4,400,000	8,400,000	180,000
2年目	2,000,000	2,000,000	4,400,000	8,400,000	180,000
3年目	2,000,000	2,000,000	4,400,000	8,400,000	180,000
4年目	2,000,000	2,000,000	4,400,000	8,400,000	180,000
5年目	2,000,000	2,000,000	4,400,000	8,400,000	180,000
合計	10,000,000	10,000,000	22,000,000	42,000,000 （注1）	900,000 （注4）

○相続開始前7年（5年）以内贈与加算額（暦年課税）

	子A	子B	合計
1～7（5）年贈与	10,000,000	10,000,000	20,000,000
緩和措置（4～7年）	▲1,000,000	▲1,000,000	▲2,000,000
差引（加算額）	9,000,000	9,000,000	18,000,000 （注2）

○相続開始前贈与加算額及び贈与税額（相続時精算課税）

	子A	子B	合計	贈与税額
1～5年贈与	4,500,000 ※(200万円−110万円) ×5年	4,500,000 ※(200万円−110万円) ×5年	9,000,000 （注3）	(4,500,000− 4,500,000)× 20%×2人 ＝0

事例３　子への贈与金額300万円のケース

（前提）

1　贈与者……甲

2　受贈者……子ＡＢ、孫ＣＤＥＦ

3　贈与期間……５年

4　贈与総額……5,200万円

5　ケース

　(1)　贈与なし

　(2)　子について暦年課税……各人毎年300万円ずつ贈与

　　　孫について暦年課税……各人毎年110万円ずつ贈与

　(3)　子について相続時精算課税……各人毎年300万円ずつ贈与

　　　孫について暦年課税……各人毎年110万円ずつ贈与

各ケースでの税負担額等

	①財産額	②贈与額	③７年以内・精算課税加算額	④課税価格（①－②＋③）	⑤相続税額＋贈与税額
(1)のケース	200,000,000	—	—	200,000,000	27,000,000
(2)のケース※子暦年課税	200,000,000	52,000,000（注１）	28,000,000（注２）	176,000,000	21,000,000－贈与税額控除1,900,000（38万円×５年）＋支払済贈与税1,900,000（注４）＝21,000,000
(3)のケース※子精算課税	200,000,000	52,000,000（注１）	19,000,000（注３）	167,000,000	18,775,000

○各人への贈与額及び贈与税額（暦年課税）

	子A	子B	孫CDEF （4人分）	合計	贈与税額
1年目	3,000,000	3,000,000	4,400,000	10,400,000	380,000
2年目	3,000,000	3,000,000	4,400,000	10,400,000	380,000
3年目	3,000,000	3,000,000	4,400,000	10,400,000	380,000
4年目	3,000,000	3,000,000	4,400,000	10,400,000	380,000
5年目	3,000,000	3,000,000	4,400,000	10,400,000	380,000
合計	15,000,000	15,000,000	22,000,000	52,000,000 （注1）	1,900,000 （注4）

○相続開始前7年（5年）以内贈与加算額（暦年課税）

	子A	子B	合計
1～7（5）年贈与	15,000,000	15,000,000	30,000,000
緩和措置（4～7年）	▲1,000,000	▲1,000,000	▲2,000,000
差引（加算額）	14,000,000	14,000,000	28,000,000 （注2）

○相続開始前贈与加算額及び贈与税額（相続時精算課税）

	子A	子B	合計	贈与税額
1～5年贈与	9,500,000 ※（300万円－110万円） ×5年	9,500,000 ※（300万円－110万円） ×5年	19,000,000 （注3）	（9,500,000－ 9,500,000）× 20%×2人 ＝0

事例４　子への贈与金額500万円のケース

（前提）

1　贈与者……甲

2　受贈者……子ＡＢ、孫ＣＤＥＦ

3　贈与期間……５年

4　贈与総額……7,200万円

5　ケース

　(1)　贈与なし

　(2)　子について暦年課税……各人毎年500万円ずつ贈与

　　　孫について暦年課税……各人毎年110万円ずつ贈与

　(3)　子について相続時精算課税……各人毎年500万円ずつ贈与

　　　孫について暦年課税……各人毎年110万円ずつ贈与

各ケースでの税負担額等

	①財産額	②贈与額	③7年以内・精算課税加算額	④課税価格（①−②+③）	⑤相続税額＋贈与税額
(1)のケース	200,000,000	—	—	200,000,000	27,000,000
(2)のケース※子暦年課税	200,000,000	72,000,000（注1）	48,000,000（注2）	176,000,000	21,000,000−贈与税控除額4,850,000（97万円 × 5 年）＋支払済贈与税4,850,000（注4）＝21,000,000
(3)のケース※子精算課税	200,000,000	72,000,000（注1）	39,000,000（注3）	167,000,000	18,775,000

○各人への贈与額及び贈与税額（暦年課税）

	子A	子B	孫CDEF （4人分）	合計	贈与税額
1年目	5,000,000	5,000,000	4,400,000	14,400,000	970,000
2年目	5,000,000	5,000,000	4,400,000	14,400,000	970,000
3年目	5,000,000	5,000,000	4,400,000	14,400,000	970,000
4年目	5,000,000	5,000,000	4,400,000	14,400,000	970,000
5年目	5,000,000	5,000,000	4,400,000	14,400,000	970,000
合計	25,000,000	25,000,000	22,000,000	72,000,000 （注1）	4,850,000 （注4）

○相続開始前7年（5年）以内贈与加算額（暦年課税）

	子A	子B	合計
1〜7（5）年贈与	25,000,000	25,000,000	50,000,000
緩和措置（4〜7年）	▲1,000,000	▲1,000,000	▲2,000,000
差引（加算額）	24,000,000	24,000,000	48,000,000 （注2）

○相続開始前贈与加算額及び贈与税額（相続時精算課税）

	子A	子B	合計	贈与税額
1〜5年贈与	19,500,000 ※(500万円−110万円) ×5年	19,500,000 ※(500万円−110万円) ×5年	39,000,000 （注3）	(19,500,000− 19,500,000)× 20%×2人 =0

Q4-15　短期間（5年）の贈与を行う場合③（贈与者資産3億円）

> 　贈与者の年齢を考慮すると、贈与期間は5年程度が予定されます。子に対する各年の贈与金額を110万円、200万円、300万円、500万円とした場合（孫には110万円）、相続税や贈与税の負担にどの程度の影響があるのでしょうか。
>
> 　なお、贈与者の資産は3億円です。

A　相続税に対する贈与の効果を考える上で、贈与の期間を5年、贈与者の資産を3億円とした場合、この他に考えなければならいないのは、①贈与金額、②受贈者（子か孫か等）、③暦年課税か相続時精算課税か等ですが、基本的なポイントは**Q4-13**の**A**を参照ください。

　なお、贈与の効果の詳細については、下記解説の事例を参照してください。

解説

以下、事例を基に比較してみます。

＜家族関係図＞

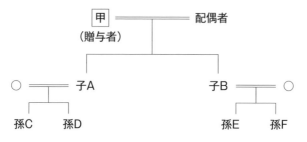

事例1　子への贈与金額110万円のケース

（前提）

1　贈与者……甲

2　受贈者……子AB、孫CDEF

3　贈与期間……5年

4　贈与総額……3,300万円

5　ケース

(1)　贈与なし

(2)　子について暦年課税……各人毎年110万円ずつ贈与

　　　孫について暦年課税……各人毎年110万円ずつ贈与

(3)　子について相続時精算課税……各人毎年110万円ずつ贈与

　　　孫について暦年課税……各人毎年110万円ずつ贈与

各ケースでの税負担額等

	①財産額	②贈与額	③7年以内・精算課税加算額	④課税価格（①－②＋③）	⑤相続税額＋贈与税額
(1)のケース	300,000,000	－	－	300,000,000	57,200,000
(2)のケース※子暦年課税	300,000,000	33,000,000（注1）	9,000,000（注2）	276,000,000	48,800,000
(3)のケース※子精算課税	300,000,000	33,000,000（注1）	0（注3）	267,000,000	45,650,000

○各人への贈与額及び贈与税額（暦年課税）

	子A	子B	孫CDEF （4人分）	合計	贈与税額
1年目	1,100,000	1,100,000	4,400,000	6,600,000	0
2年目	1,100,000	1,100,000	4,400,000	6,600,000	0
3年目	1,100,000	1,100,000	4,400,000	6,600,000	0
4年目	1,100,000	1,100,000	4,400,000	6,600,000	0
5年目	1,100,000	1,100,000	4,400,000	6,600,000	0
合計	5,500,000	5,500,000	22,000,000	33,000,000 （注1）	0

○相続開始前7年（5年）以内贈与加算額（暦年課税）

	子A	子B	合計
1～7（5）年贈与	5,500,000	5,500,000	11,000,000
緩和措置（4～7年）	▲1,000,000	▲1,000,000	▲2,000,000
差引（加算額）	4,500,000	4,500,000	9,000,000 （注2）

○相続開始前贈与加算額及び贈与税額（相続時精算課税）

	子A	子B	合計	贈与税額
1～5年贈与	0 ※(110万円−110万円) ×5年	0 ※(110万円−110万円) ×5年	0 （注3）	0

事例2　子への贈与金額200万円のケース

（前提）

1　贈与者……甲

2　受贈者……子AB、孫CDEF

3　贈与期間……5年

4　贈与総額……4,200万円

5　ケース

(1)　贈与なし

(2)　子について暦年課税……各人毎年200万円ずつ贈与

　　　孫について暦年課税……各人毎年110万円ずつ贈与

(3)　子について相続時精算課税……各人毎年200万円ずつ贈与

　　　孫について暦年課税……各人毎年110万円ずつ贈与

各ケースでの税負担額等

	①財産額	②贈与額	③7年以内・精算課税加算額	④課税価格（①−②+③）	⑤相続税額＋贈与税額
(1)のケース	300,000,000	—	—	300,000,000	57,200,000
(2)のケース※子暦年課税	300,000,000	42,000,000（注1）	18,000,000（注2）	276,000,000	48,800,000 − 贈与税額控除900,000（18万円 × 5年）＋支払済贈与税900,000（注4）＝48,800,000
(3)のケース※子精算課税	300,000,000	42,000,000（注1）	9,000,000（注3）	267,000,000	45,650,000

○各人への贈与額及び贈与税額（暦年課税）

	子Ａ	子Ｂ	孫ＣＤＥＦ （４人分）	合計	贈与税額
１年目	2,000,000	2,000,000	4,400,000	8,400,000	180,000
２年目	2,000,000	2,000,000	4,400,000	8,400,000	180,000
３年目	2,000,000	2,000,000	4,400,000	8,400,000	180,000
４年目	2,000,000	2,000,000	4,400,000	8,400,000	180,000
５年目	2,000,000	2,000,000	4,400,000	8,400,000	180,000
合計	10,000,000	10,000,000	22,000,000	42,000,000 （注１）	900,000 （注４）

○相続開始前７年（５年）以内贈与加算額（暦年課税）

	子Ａ	子Ｂ	合計
１～７（５）年贈与	10,000,000	10,000,000	20,000,000
緩和措置（４～７年）	▲1,000,000	▲1,000,000	▲2,000,000
差引（加算額）	9,000,000	9,000,000	18,000,000 （注２）

○相続開始前贈与加算額及び贈与税額（相続時精算課税）

	子Ａ	子Ｂ	合計	贈与税額
１～５年贈与	4,500,000 ※（200万円－110万円） ×５年	4,500,000 ※（200万円－110万円） ×５年	9,000,000 （注３）	(4,500,000－ 4,500,000)× 20%×２人 ＝0

事例３　子への贈与金額300万円のケース

（前提）

1　贈与者……甲

2　受贈者……子ＡＢ、孫ＣＤＥＦ

3　贈与期間……５年

4　贈与総額……5,200万円

5　ケース

　(1)　贈与なし

　(2)　子について暦年課税……各人毎年300万円ずつ贈与

　　　孫について暦年課税……各人毎年110万円ずつ贈与

　(3)　子について相続時精算課税……各人毎年300万円ずつ贈与

　　　孫について暦年課税……各人毎年110万円ずつ贈与

各ケースでの税負担額等

	①財産額	②贈与額	③7年以内・精算課税加算額	④課税価格（①−②＋③）	⑤相続税額＋贈与税額
(1)のケース	300,000,000	—	—	300,000,000	57,200,000
(2)のケース※子暦年課税	300,000,000	52,000,000（注1）	28,000,000（注2）	276,000,000	48,800,000−贈与税額控除1,900,000（38万円×5年）＋支払済贈与税1,900,000（注4）＝48,800,000
(3)のケース※子精算課税	300,000,000	52,000,000（注1）	19,000,000（注3）	267,000,000	45,650,000

○各人への贈与額及び贈与税額（暦年課税）

	子A	子B	孫CDEF（4人分）	合計	贈与税額
1年目	3,000,000	3,000,000	4,400,000	10,400,000	380,000
2年目	3,000,000	3,000,000	4,400,000	10,400,000	380,000
3年目	3,000,000	3,000,000	4,400,000	10,400,000	380,000
4年目	3,000,000	3,000,000	4,400,000	10,400,000	380,000
5年目	3,000,000	3,000,000	4,400,000	10,400,000	380,000
合計	15,000,000	15,000,000	22,000,000	52,000,000（注1）	1,900,000（注4）

○相続開始前7年（5年）以内贈与加算額（暦年課税）

	子A	子B	合計
1～7（5）年贈与	15,000,000	15,000,000	30,000,000
緩和措置（4～7年）	▲1,000,000	▲1,000,000	▲2,000,000
差引（加算額）	14,000,000	14,000,000	28,000,000（注2）

○相続開始前贈与加算額及び贈与税額（相続時精算課税）

	子A	子B	合計	贈与税額
1～5年贈与	9,500,000 ※(300万円－110万円)×5年	9,500,000 ※(300万円－110万円)×5年	19,000,000（注3）	(9,500,000－9,500,000)×20%×2人＝0

事例4　子への贈与金額500万円のケース

（前提）

1　贈与者……甲

2　受贈者……子AB、孫CDEF

3　贈与期間……5年

4　贈与総額……7,200万円

5　ケース

　(1)　贈与なし

　(2)　子について暦年課税……各人毎年500万円ずつ贈与

　　　　孫について暦年課税……各人毎年110万円ずつ贈与

　(3)　子について相続時精算課税……各人毎年500万円ずつ贈与

　　　　孫について暦年課税……各人毎年110万円ずつ贈与

各ケースでの税負担額等

	①財産額	②贈与額	③7年以内・精算課税加算額	④課税価格（①－②＋③）	⑤相続税額＋贈与税額
(1)のケース	300,000,000	—	—	300,000,000	57,200,000
(2)のケース※子暦年課税	300,000,000	72,000,000（注1）	48,000,000（注2）	276,000,000	48,800,000－贈与税額控除4,850,000（97万円 × 5年）＋支払済贈与税4,850,000（注4）＝48,800,000
(3)のケース※子精算課税	300,000,000	72,000,000（注1）	39,000,000（注3）	267,000,000	45,650,000

○各人への贈与額及び贈与税額（暦年課税）

	子Ａ	子Ｂ	孫ＣＤＥＦ （４人分）	合計	贈与税額
１年目	5,000,000	5,000,000	4,400,000	14,400,000	970,000
２年目	5,000,000	5,000,000	4,400,000	14,400,000	970,000
３年目	5,000,000	5,000,000	4,400,000	14,400,000	970,000
４年目	5,000,000	5,000,000	4,400,000	14,400,000	970,000
５年目	5,000,000	5,000,000	4,400,000	14,400,000	970,000
合計	25,000,000	25,000,000	22,000,000	72,000,000 （注１）	4,850,000 （注４）

○相続開始前７年（５年）以内贈与加算額（暦年課税）

	子Ａ	子Ｂ	合計
１～７（５）年贈与	25,000,000	25,000,000	50,000,000
緩和措置（４～７年）	▲1,000,000	▲1,000,000	▲2,000,000
差引（加算額）	24,000,000	24,000,000	48,000,000 （注２）

○相続開始前贈与加算額及び贈与税額（相続時精算課税）

	子Ａ	子Ｂ	合計	贈与税額
１～５年贈与	19,500,000 ※(500万円−110万円) ×５年	19,500,000 ※(500万円−110万円) ×５年	39,000,000 （注３）	(19,500,000− 19,500,000)× 20%×２人 ＝0

Q4-16 短期間（5年）の贈与を行う場合④（贈与者資産5億円）

贈与者の年齢を考慮すると、贈与期間は5年程度が予定されます。子に対する各年の贈与金額を110万円、200万円、300万円、500万円とした場合（孫には110万円）、相続税や贈与税の負担にどの程度の影響があるのでしょうか。

なお、贈与者の資産は5億円です。

A 　相続税に対する贈与の効果を考える上で、贈与の期間を5年、贈与者の資産を5億円とした場合、この他に考えなければならないのは、①贈与金額、②受贈者（子か孫か等）、③暦年課税か相続時精算課税か等ですが、基本的なポイントは**Q4-13**の**A**を参照ください。

なお、贈与の効果の詳細については、下記解説の事例を参照してください。

解説

以下、事例を基に比較してみます。

＜家族関係図＞

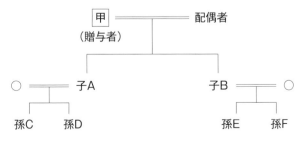

事例1　子への贈与金額110万円のケース

（前提）

1　贈与者……甲

2　受贈者……子AB、孫CDEF

3　贈与期間……5年

4　贈与総額……3,300万円

5　ケース

　(1)　贈与なし

　(2)　子について暦年課税……各人毎年110万円ずつ贈与

　　　孫について暦年課税……各人毎年110万円ずつ贈与

　(3)　子について相続時精算課税……各人毎年110万円ずつ贈与

　　　孫について暦年課税……各人毎年110万円ずつ贈与

各ケースでの税負担額等

	①財産額	②贈与額	③7年以内・精算課税加算額	④課税価格（①−②+③）	⑤相続税額＋贈与税額
(1)のケース	500,000,000	—	—	500,000,000	131,100,000
(2)のケース ※子暦年課税	500,000,000	33,000,000（注1）	9,000,000（注2）	476,000,000	120,900,000
(3)のケース ※子精算課税	500,000,000	33,000,000（注1）	0（注3）	467,000,000	117,075,000

〇各人への贈与額及び贈与税額（暦年課税）

	子A	子B	孫CDEF （4人分）	合計	贈与税額
1年目	1,100,000	1,100,000	4,400,000	6,600,000	0
2年目	1,100,000	1,100,000	4,400,000	6,600,000	0
3年目	1,100,000	1,100,000	4,400,000	6,600,000	0
4年目	1,100,000	1,100,000	4,400,000	6,600,000	0
5年目	1,100,000	1,100,000	4,400,000	6,600,000	0
合計	5,500,000	5,500,000	22,000,000	33,000,000 （注1）	0

〇相続開始前7年（5年）以内贈与加算額（暦年課税）

	子A	子B	合計
1～7（5）年贈与	5,500,000	5,500,000	11,000,000
緩和措置（4～7年）	▲1,000,000	▲1,000,000	▲2,000,000
差引（加算額）	4,500,000	4,500,000	9,000,000 （注2）

〇相続開始前贈与加算額及び贈与税額（相続時精算課税）

	子A	子B	合計	贈与税額
1～5年贈与	0 ※(110万円－110万円) ×5年	0 ※(110万円－110万円) ×5年	0 （注3）	0

事例2 子への贈与金額200万円のケース

（前提）
1 贈与者……甲
2 受贈者……子ＡＢ、孫ＣＤＥＦ
3 贈与期間……5年
4 贈与総額……4,200万円
5 ケース
 (1) 贈与なし
 (2) 子について暦年課税……各人毎年200万円ずつ贈与
   孫について暦年課税……各人毎年110万円ずつ贈与
 (3) 子について相続時精算課税……各人毎年200万円ずつ贈与
   孫について暦年課税……各人毎年110万円ずつ贈与

各ケースでの税負担額等

	①財産額	②贈与額	③7年以内・精算課税加算額	④課税価格（①-②+③）	⑤相続税額＋贈与税額
(1)のケース	500,000,000	—	—	500,000,000	131,100,000
(2)のケース ※子暦年課税	500,000,000	42,000,000（注1）	18,000,000（注2）	476,000,000	120,900,000－贈与税額控除900,000（18万円×5年）＋支払済贈与税900,000（注4）＝120,900,000
(3)のケース ※子精算課税	500,000,000	42,000,000（注1）	9,000,000（注3）	467,000,000	117,075,000

○各人への贈与額及び贈与税額（暦年課税）

	子A	子B	孫CDEF （4人分）	合計	贈与税額
1年目	2,000,000	2,000,000	4,400,000	8,400,000	180,000
2年目	2,000,000	2,000,000	4,400,000	8,400,000	180,000
3年目	2,000,000	2,000,000	4,400,000	8,400,000	180,000
4年目	2,000,000	2,000,000	4,400,000	8,400,000	180,000
5年目	2,000,000	2,000,000	4,400,000	8,400,000	180,000
合計	10,000,000	10,000,000	22,000,000	42,000,000 （注1）	900,000 （注4）

○相続開始前7年（5年）以内贈与加算額（暦年課税）

	子A	子B	合計
1〜7（5）年贈与	10,000,000	10,000,000	20,000,000
緩和措置（4〜7年）	▲1,000,000	▲1,000,000	▲2,000,000
差引（加算額）	9,000,000	9,000,000	18,000,000 （注2）

○相続開始前贈与加算額及び贈与税額（相続時精算課税）

	子A	子B	合計	贈与税額
1〜5年贈与	4,500,000 ※（200万円−110万円） ×5年	4,500,000 ※（200万円−110万円） ×5年	9,000,000 （注3）	(4,500,000 − 4,500,000) × 20% × 2人 = 0

事例３　子への贈与金額300万円のケース

（前提）

1　贈与者……甲

2　受贈者……子ＡＢ、孫ＣＤＥＦ

3　贈与期間……5年

4　贈与総額……5,200万円

5　ケース

(1)　贈与なし

(2)　子について暦年課税……各人毎年300万円ずつ贈与

　　　孫について暦年課税……各人毎年110万円ずつ贈与

(3)　子について相続時精算課税……各人毎年300万円ずつ贈与

　　　孫について暦年課税……各人毎年110万円ずつ贈与

各ケースでの税負担額等

	①財産額	②贈与額	③7年以内・精算課税加算額	④課税価格（①−②＋③）	⑤相続税額＋贈与税額
(1)のケース	500,000,000	—	—	500,000,000	131,100,000
(2)のケース※子暦年課税	500,000,000	52,000,000（注１）	28,000,000（注２）	476,000,000	120,900,000−贈与税額控除1,900,000（38万円×5年）＋支払済贈与税1,900,000（注４）＝120,900,000
(3)のケース※子精算課税	500,000,000	52,000,000（注１）	19,000,000（注３）	467,000,000	117,075,000

○各人への贈与額及び贈与税額（暦年課税）

	子A	子B	孫CDEF （4人分）	合計	贈与税額
1年目	3,000,000	3,000,000	4,400,000	10,400,000	380,000
2年目	3,000,000	3,000,000	4,400,000	10,400,000	380,000
3年目	3,000,000	3,000,000	4,400,000	10,400,000	380,000
4年目	3,000,000	3,000,000	4,400,000	10,400,000	380,000
5年目	3,000,000	3,000,000	4,400,000	10,400,000	380,000
合計	15,000,000	15,000,000	22,000,000	52,000,000 （注1）	1,900,000 （注4）

○相続開始前7年（5年）以内贈与加算額（暦年課税）

	子A	子B	合計
1～7（5）年贈与	15,000,000	15,000,000	30,000,000
緩和措置（4～7年）	▲1,000,000	▲1,000,000	▲2,000,000
差引（加算額）	14,000,000	14,000,000	28,000,000 （注2）

○相続開始前贈与加算額及び贈与税額（相続時精算課税）

	子A	子B	合計	贈与税額
1～5年贈与	9,500,000 ※(300万円−110万円) ×5年	9,500,000 ※(300万円−110万円) ×5年	19,000,000 （注3）	(9,500,000− 9,500,000)× 20%×2人 ＝0

事例4　子への贈与金額500万円のケース

（前提）

1　贈与者……甲

2　受贈者……子AB、孫CDEF

3　贈与期間……5年

4　贈与総額……7,200万円

5　ケース

　(1)　贈与なし

　(2)　子について暦年課税……各人毎年500万円ずつ贈与

　　　　孫について暦年課税……各人毎年110万円ずつ贈与

　(3)　子について相続時精算課税……各人毎年500万円ずつ贈与

　　　　孫について暦年課税……各人毎年110万円ずつ贈与

各ケースでの税負担額等

	①財産額	②贈与額	③7年以内・精算課税加算額	④課税価格（①−②+③）	⑤相続税額＋贈与税額
(1)のケース	500,000,000	—	—	500,000,000	131,100,000
(2)のケース※子暦年課税	500,000,000	72,000,000（注1）	48,000,000（注2）	476,000,000	120,900,000−贈与税額控除4,850,000（97万円×5年）＋支払済贈与税4,850,000（注4）=120,900,000
(3)のケース※子精算課税	500,000,000	72,000,000（注1）	39,000,000（注3）	467,000,000	117,075,000

◯各人への贈与額及び贈与税額（暦年課税）

	子A	子B	孫CDEF （4人分）	合計	贈与税額
1年目	5,000,000	5,000,000	4,400,000	14,400,000	970,000
2年目	5,000,000	5,000,000	4,400,000	14,400,000	970,000
3年目	5,000,000	5,000,000	4,400,000	14,400,000	970,000
4年目	5,000,000	5,000,000	4,400,000	14,400,000	970,000
5年目	5,000,000	5,000,000	4,400,000	14,400,000	970,000
合計	25,000,000	25,000,000	22,000,000	72,000,000 （注1）	4,850,000 （注4）

◯相続開始前7年（5年）以内贈与加算額（暦年課税）

	子A	子B	合計
1〜7（5）年贈与	25,000,000	25,000,000	50,000,000
緩和措置（4〜7年）	▲1,000,000	▲1,000,000	▲2,000,000
差引（加算額）	24,000,000	24,000,000	48,000,000 （注2）

◯相続開始前贈与加算額及び贈与税額（相続時精算課税）

	子A	子B	合計	贈与税額
1〜5年贈与	19,500,000 ※(500万円−110万円) ×5年	19,500,000 ※(500万円−110万円) ×5年	39,000,000 （注3）	(19,500,000− 19,500,000)× 20%×2人 =0

Q4-17 短期間（５年）の贈与を行う場合⑤ （贈与者資産８億円）

　　贈与者の年齢を考慮すると、贈与期間は５年程度が予定されます。子に対する各年の贈与金額を110万円、200万円、300万円、500万円とした場合（孫には110万円）、相続税や贈与税の負担にどの程度の影響があるのでしょうか。

　　なお、贈与者の資産は８億円です。

A　　相続税に対する贈与の効果を考える上で、贈与の期間を５年、贈与者の資産を８億円とした場合、この他に考えなければならいのは、①贈与金額、②受贈者（子か孫か等）、③暦年課税か相続時精算課税か等ですが、基本的なポイントはQ4-13の**A**を参照ください。

　　なお、贈与の効果の詳細については、下記解説の事例を参照してください。

解説

以下、事例を基に比較してみます。

＜家族関係図＞

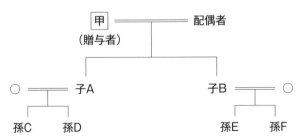

事例1　子への贈与金額110万円のケース

（前提）

1　贈与者……甲

2　受贈者……子AB、孫CDEF

3　贈与期間……5年

4　贈与総額……3,300万円

5　ケース

(1)　贈与なし

(2)　子について暦年課税……各人毎年110万円ずつ贈与

　　　孫について暦年課税……各人毎年110万円ずつ贈与

(3)　子について相続時精算課税……各人毎年110万円ずつ贈与

　　　孫について暦年課税……各人毎年110万円ずつ贈与

各ケースでの税負担額等

	①財産額	②贈与額	③7年以内・精算課税加算額	④課税価格（①－②＋③）	⑤相続税額＋贈与税額
(1)のケース	800,000,000	—	—	800,000,000	262,400,000
(2)のケース※子暦年課税	800,000,000	33,000,000（注1）	9,000,000（注2）	776,000,000	251,600,000
(3)のケース※子精算課税	800,000,000	33,000,000（注1）	0（注3）	767,000,000	247,550,000

○各人への贈与額及び贈与税額（暦年課税）

	子A	子B	孫CDEF （4人分）	合計	贈与税額
1年目	1,100,000	1,100,000	4,400,000	6,600,000	0
2年目	1,100,000	1,100,000	4,400,000	6,600,000	0
3年目	1,100,000	1,100,000	4,400,000	6,600,000	0
4年目	1,100,000	1,100,000	4,400,000	6,600,000	0
5年目	1,100,000	1,100,000	4,400,000	6,600,000	0
合計	5,500,000	5,500,000	22,000,000	33,000,000 （注1）	0

○相続開始前7年（5年）以内贈与加算額（暦年課税）

	子A	子B	合計
1～7（5）年贈与	5,500,000	5,500,000	11,000,000
緩和措置（4～7年）	▲1,000,000	▲1,000,000	▲2,000,000
差引（加算額）	4,500,000	4,500,000	9,000,000 （注2）

○相続開始前贈与加算額及び贈与税額（相続時精算課税）

	子A	子B	合計	贈与税額
1～5年贈与	0 ※(110万円−110万円) ×5年	0 ※(110万円−110万円) ×5年	0 （注3）	0

事例2　子への贈与金額200万円のケース

（前提）

1　贈与者……甲

2　受贈者……子AB、孫CDEF

3　贈与期間……5年

4　贈与総額……4,200万円

5　ケース

　(1)　贈与なし

　(2)　子について暦年課税……各人毎年200万円ずつ贈与

　　　孫について暦年課税……各人毎年110万円ずつ贈与

　(3)　子について相続時精算課税……各人毎年200万円ずつ贈与

　　　孫について暦年課税……各人毎年110万円ずつ贈与

各ケースでの税負担額等

	①財産額	②贈与額	③7年以内・精算課税加算額	④課税価格（①−②+③）	⑤相続税額＋贈与税額
(1)のケース	800,000,000	—	—	800,000,000	262,400,000
(2)のケース ※子暦年課税	800,000,000	42,000,000（注1）	18,000,000（注2）	776,000,000	251,600,000−贈与税額控除900,000（18万円×5年）+支払済贈与税900,000（注4）=251,600,000
(3)のケース ※子精算課税	800,000,000	42,000,000（注1）	9,000,000（注3）	767,000,000	247,550,000

○各人への贈与額及び贈与税額（暦年課税）

	子A	子B	孫CDEF （4人分）	合計	贈与税額
1年目	2,000,000	2,000,000	4,400,000	8,400,000	180,000
2年目	2,000,000	2,000,000	4,400,000	8,400,000	180,000
3年目	2,000,000	2,000,000	4,400,000	8,400,000	180,000
4年目	2,000,000	2,000,000	4,400,000	8,400,000	180,000
5年目	2,000,000	2,000,000	4,400,000	8,400,000	180,000
合計	10,000,000	10,000,000	22,000,000	42,000,000 （注1）	900,000 （注4）

○相続開始前7年（5年）以内贈与加算額（暦年課税）

	子A	子B	合計
1～7（5）年贈与	10,000,000	10,000,000	20,000,000
緩和措置（4～7年）	▲1,000,000	▲1,000,000	▲2,000,000
差引（加算額）	9,000,000	9,000,000	18,000,000 （注2）

○相続開始前贈与加算額及び贈与税額（相続時精算課税）

	子A	子B	合計	贈与税額
1～5年贈与	4,500,000 ※（200万円－110万円） ×5年	4,500,000 ※（200万円－110万円） ×5年	9,000,000 （注3）	(4,500,000－ 4,500,000)× 20%×2人 = 0

事例3　子への贈与金額300万円のケース

（前提）

1　贈与者……甲

2　受贈者……子AB、孫CDEF

3　贈与期間……5年

4　贈与総額……5,200万円

5　ケース

　(1)　贈与なし

　(2)　子について暦年課税……各人毎年300万円ずつ贈与

　　　　孫について暦年課税……各人毎年110万円ずつ贈与

　(3)　子について相続時精算課税……各人毎年300万円ずつ贈与

　　　　孫について暦年課税……各人毎年110万円ずつ贈与

各ケースでの税負担額等

	①財産額	②贈与額	③7年以内・精算課税加算額	④課税価格（①－②＋③）	⑤相続税額＋贈与税額
(1)のケース	800,000,000	—	—	800,000,000	262,400,000
(2)のケース※子暦年課税	800,000,000	52,000,000（注1）	28,000,000（注2）	776,000,000	251,600,000－贈与税額控除1,900,000（38万円×5年）＋支払済贈与税1,900,000（注4）＝251,600,000
(3)のケース※子精算課税	800,000,000	52,000,000（注1）	19,000,000（注3）	767,000,000	247,550,000

○各人への贈与額及び贈与税額（暦年課税）

	子A	子B	孫CDEF （4人分）	合計	贈与税額
1年目	3,000,000	3,000,000	4,400,000	10,400,000	380,000
2年目	3,000,000	3,000,000	4,400,000	10,400,000	380,000
3年目	3,000,000	3,000,000	4,400,000	10,400,000	380,000
4年目	3,000,000	3,000,000	4,400,000	10,400,000	380,000
5年目	3,000,000	3,000,000	4,400,000	10,400,000	380,000
合計	15,000,000	15,000,000	22,000,000	52,000,000 （注1）	1,900,000 （注4）

○相続開始前7年（5年）以内贈与加算額（暦年課税）

	子A	子B	合計
1～7（5）年贈与	15,000,000	15,000,000	30,000,000
緩和措置（4～7年）	▲1,000,000	▲1,000,000	▲2,000,000
差引（加算額）	14,000,000	14,000,000	28,000,000 （注2）

○相続開始前贈与加算額及び贈与税額（相続時精算課税）

	子A	子B	合計	贈与税額
1～5年贈与	9,500,000 ※(300万円－110万円) ×5年	9,500,000 ※(300万円－110万円) ×5年	19,000,000 （注3）	(9,500,000－ 9,500,000)× 20%×2人 ＝0

事例4　子への贈与金額500万円のケース

（前提）

1　贈与者……甲

2　受贈者……子AB、孫CDEF

3　贈与期間……5年

4　贈与総額……7,200万円

5　ケース

　(1)　贈与なし

　(2)　子について暦年課税……各人毎年500万円ずつ贈与

　　　孫について暦年課税……各人毎年110万円ずつ贈与

　(3)　子について相続時精算課税……各人毎年500万円ずつ贈与

　　　孫について暦年課税……各人毎年110万円ずつ贈与

各ケースでの税負担額等

	①財産額	②贈与額	③7年以内・精算課税加算額	④課税価格（①−②+③）	⑤相続税額＋贈与税額
(1)のケース	800,000,000	—	—	800,000,000	262,400,000
(2)のケース※子暦年課税	800,000,000	72,000,000（注1）	48,000,000（注2）	776,000,000	251,600,000−贈与税額控除4,850,000（97万円×5年）＋支払済贈与税4,850,000（注4）＝251,600,000
(3)のケース※子精算課税	800,000,000	72,000,000（注1）	39,000,000（注3）	767,000,000	247,550,000

○各人への贈与額及び贈与税額（暦年課税）

	子A	子B	孫CDEF （4人分）	合計	贈与税額
1年目	5,000,000	5,000,000	4,400,000	14,400,000	970,000
2年目	5,000,000	5,000,000	4,400,000	14,400,000	970,000
3年目	5,000,000	5,000,000	4,400,000	14,400,000	970,000
4年目	5,000,000	5,000,000	4,400,000	14,400,000	970,000
5年目	5,000,000	5,000,000	4,400,000	14,400,000	970,000
合計	25,000,000	25,000,000	22,000,000	72,000,000 （注1）	4,850,000 （注4）

○相続開始前7年（5年）以内贈与加算額（暦年課税）

	子A	子B	合計
1～7（5）年贈与	25,000,000	25,000,000	50,000,000
緩和措置（4～7年）	▲1,000,000	▲1,000,000	▲2,000,000
差引（加算額）	24,000,000	24,000,000	48,000,000 （注2）

○相続開始前贈与加算額及び贈与税額（相続時精算課税）

	子A	子B	合計	贈与税額
1～5年贈与	19,500,000 ※(500万円−110万円) ×5年	19,500,000 ※(500万円−110万円) ×5年	39,000,000 （注3）	(19,500,000 − 19,500,000) × 20% × 2人 = 0

Q4-18 短期間（5年）の贈与を行う場合⑥（贈与者資産10億円）

　贈与者の年齢を考慮すると、贈与期間は5年程度が予定されます。子に対する各年の贈与金額を110万円、200万円、300万円、500万円とした場合（孫には110万円）、相続税や贈与税の負担にどの程度の影響があるのでしょうか。

　なお、贈与者の資産は10億円です。

A　相続税に対する贈与の効果を考える上で、贈与の期間を5年、贈与者の資産を10億円とした場合、この他に考えなければならいないのは、①贈与金額、②受贈者（子か孫か等）、③暦年課税か相続時精算課税か等ですが、基本的なポイントはQ4-13の**A**を参照ください。

　なお、贈与の効果の詳細については、下記解説の事例を参照してください。

解説

以下、事例を基に比較してみます。

＜家族関係図＞

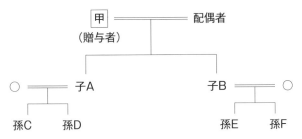

事例1　子への贈与金額110万円のケース

（前提）

1　贈与者……甲

2　受贈者……子ＡＢ、孫ＣＤＥＦ

3　贈与期間……5年

4　贈与総額……3,300万円

5　ケース

　(1)　贈与なし

　(2)　子について暦年課税……各人毎年110万円ずつ贈与

　　　孫について暦年課税……各人毎年110万円ずつ贈与

　(3)　子について相続時精算課税……各人毎年110万円ずつ贈与

　　　孫について暦年課税……各人毎年110万円ずつ贈与

各ケースでの税負担額等

	①財産額	②贈与額	③7年以内・精算課税加算額	④課税価格（①－②＋③）	⑤相続税額＋贈与税額
(1)のケース	1,000,000,000	―	―	1,000,000,000	356,200,000
(2)のケース※子暦年課税	1,000,000,000	33,000,000（注1）	9,000,000（注2）	976,000,000	344,800,000
(3)のケース※子精算課税	1,000,000,000	33,000,000（注1）	0（注3）	967,000,000	340,525,000

◯各人への贈与額及び贈与税額（暦年課税）

	子A	子B	孫CDEF （4人分）	合計	贈与税額
1年目	1,100,000	1,100,000	4,400,000	6,600,000	0
2年目	1,100,000	1,100,000	4,400,000	6,600,000	0
3年目	1,100,000	1,100,000	4,400,000	6,600,000	0
4年目	1,100,000	1,100,000	4,400,000	6,600,000	0
5年目	1,100,000	1,100,000	4,400,000	6,600,000	0
合計	5,500,000	5,500,000	22,000,000	33,000,000 （注1）	0

◯相続開始前7年（5年）以内贈与加算額（暦年課税）

	子A	子B	合計
1〜7（5）年贈与	5,500,000	5,500,000	11,000,000
緩和措置（4〜7年）	▲1,000,000	▲1,000,000	▲2,000,000
差引（加算額）	4,500,000	4,500,000	9,000,000 （注2）

◯相続開始前贈与加算額及び贈与税額（相続時精算課税）

	子A	子B	合計	贈与税額
1〜5年贈与	0 ※(110万円−110万円) ×5年	0 ※(110万円−110万円) ×5年	0 （注3）	0

事例 2　子への贈与金額200万円のケース

（前提）

1　贈与者……甲

2　受贈者……子ＡＢ、孫ＣＤＥＦ

3　贈与期間……5 年

4　贈与総額……4,200万円

5　ケース

　(1)　贈与なし

　(2)　子について暦年課税……各人毎年200万円ずつ贈与

　　　　孫について暦年課税……各人毎年110万円ずつ贈与

　(3)　子について相続時精算課税……各人毎年200万円ずつ贈与

　　　　孫について暦年課税……各人毎年110万円ずつ贈与

各ケースでの税負担額等

	①財産額	②贈与額	③7 年以内・精算課税加算額	④課税価格（①－②＋③）	⑤相続税額＋贈与税額
(1)のケース	1,000,000,000	―	―	1,000,000,000	356,200,000
(2)のケース ※子暦年課税	1,000,000,000	42,000,000 （注 1）	18,000,000 （注 2）	976,000,000	344,800,000－贈与税額控除900,000（18万円×5 年）＋支払済贈与税900,000（注 4）＝344,800,000
(3)のケース ※子精算課税	1,000,000,000	42,000,000 （注 1）	9,000,000 （注 3）	967,000,000	340,525,000

○各人への贈与額及び贈与税額（暦年課税）

	子Ａ	子Ｂ	孫ＣＤＥＦ （4人分）	合計	贈与税額
1 年目	2,000,000	2,000,000	4,400,000	8,400,000	180,000
2 年目	2,000,000	2,000,000	4,400,000	8,400,000	180,000
3 年目	2,000,000	2,000,000	4,400,000	8,400,000	180,000
4 年目	2,000,000	2,000,000	4,400,000	8,400,000	180,000
5 年目	2,000,000	2,000,000	4,400,000	8,400,000	180,000
合計	10,000,000	10,000,000	22,000,000	42,000,000 （注1）	900,000 （注4）

○相続開始前７年（５年）以内贈与加算額（暦年課税）

	子Ａ	子Ｂ	合計
1～7（5）年贈与	10,000,000	10,000,000	20,000,000
緩和措置（4～7年）	▲1,000,000	▲1,000,000	▲2,000,000
差引（加算額）	9,000,000	9,000,000	18,000,000 （注2）

○相続開始前贈与加算額及び贈与税額（相続時精算課税）

	子Ａ	子Ｂ	合計	贈与税額
1～5年贈与	4,500,000 ※(200万円－110万円) ×5年	4,500,000 ※(200万円－110万円) ×5年	9,000,000 （注3）	(4,500,000－ 4,500,000)× 20%×2人 ＝0

事例3　子への贈与金額300万円のケース

（前提）

1　贈与者……甲

2　受贈者……子AB、孫CDEF

3　贈与期間……5年

4　贈与総額……5,200万円

5　ケース

　(1)　贈与なし

　(2)　子について暦年課税……各人毎年300万円ずつ贈与

　　　　孫について暦年課税……各人毎年110万円ずつ贈与

　(3)　子について相続時精算課税……各人毎年300万円ずつ贈与

　　　　孫について暦年課税……各人毎年110万円ずつ贈与

各ケースでの税負担額等

	①財産額	②贈与額	③7年以内・精算課税加算額	④課税価格（①−②+③）	⑤相続税額＋贈与税額
(1)のケース	1,000,000,000	—	—	1,000,000,000	356,200,000
(2)のケース ※子暦年課税	1,000,000,000	52,000,000（注1）	28,000,000（注2）	976,000,000	344,800,000 − 贈与税額控除1,900,000（38万円 × 5年）＋支払済贈与税1,900,000（注4）＝344,800,000
(3)のケース ※子精算課税	1,000,000,000	52,000,000（注1）	19,000,000（注3）	967,000,000	340,525,000

○各人への贈与額及び贈与税額（暦年課税）

	子A	子B	孫CDEF （4人分）	合計	贈与税額
1年目	3,000,000	3,000,000	4,400,000	10,400,000	380,000
2年目	3,000,000	3,000,000	4,400,000	10,400,000	380,000
3年目	3,000,000	3,000,000	4,400,000	10,400,000	380,000
4年目	3,000,000	3,000,000	4,400,000	10,400,000	380,000
5年目	3,000,000	3,000,000	4,400,000	10,400,000	380,000
合計	15,000,000	15,000,000	22,000,000	52,000,000 （注1）	1,900,000 （注4）

○相続開始前７年（５年）以内贈与加算額（暦年課税）

	子A	子B	合計
1～7（5）年贈与	15,000,000	15,000,000	30,000,000
緩和措置（4～7年）	▲1,000,000	▲1,000,000	▲2,000,000
差引（加算額）	14,000,000	14,000,000	28,000,000 （注2）

○相続開始前贈与加算額及び贈与税額（相続時精算課税）

	子A	子B	合計	贈与税額
1～5年贈与	9,500,000 ※(300万円−110万円) ×5年	9,500,000 ※(300万円−110万円) ×5年	19,000,000 （注3）	(9,500,000− 9,500,000)× 20%×2人 =0

事例4　子への贈与金額500万円のケース

（前提）

1　贈与者……甲

2　受贈者……子AB、孫CDEF

3　贈与期間……5年

4　贈与総額……7,200万円

5　ケース

　(1)　贈与なし

　(2)　子について暦年課税……各人毎年500万円ずつ贈与

　　　　孫について暦年課税……各人毎年110万円ずつ贈与

　(3)　子について相続時精算課税……各人毎年500万円ずつ贈与

　　　　孫について暦年課税……各人毎年110万円ずつ贈与

各ケースでの税負担額等

	①財産額	②贈与額	③7年以内・精算課税加算額	④課税価格（①－②＋③）	⑤相続税額＋贈与税額
(1)のケース	1,000,000,000	—	—	1,000,000,000	356,200,000
(2)のケース ※子暦年課税	1,000,000,000	72,000,000（注1）	48,000,000（注2）	976,000,000	344,800,000－贈与税額控除4,850,000（97万円×5年）＋支払済贈与税4,850,000（注4）＝344,800,000
(3)のケース ※子精算課税	1,000,000,000	72,000,000（注1）	39,000,000（注3）	967,000,000	340,525,000

○各人への贈与額及び贈与税額（暦年課税）

	子A	子B	孫CDEF （4人分）	合計	贈与税額
1年目	5,000,000	5,000,000	4,400,000	14,400,000	970,000
2年目	5,000,000	5,000,000	4,400,000	14,400,000	970,000
3年目	5,000,000	5,000,000	4,400,000	14,400,000	970,000
4年目	5,000,000	5,000,000	4,400,000	14,400,000	970,000
5年目	5,000,000	5,000,000	4,400,000	14,400,000	970,000
合計	25,000,000	25,000,000	22,000,000	72,000,000 （注1）	4,850,000 （注4）

○相続開始前7年（5年）以内贈与加算額（暦年課税）

	子A	子B	合計
1～7（5）年贈与	25,000,000	25,000,000	50,000,000
緩和措置（4～7年）	▲1,000,000	▲1,000,000	▲2,000,000
差引（加算額）	24,000,000	24,000,000	48,000,000 （注2）

○相続開始前贈与加算額及び贈与税額（相続時精算課税）

	子A	子B	合計	贈与税額
1～5年贈与	19,500,000 ※(500万円－110万円) ×5年	19,500,000 ※(500万円－110万円) ×5年	39,000,000 （注3）	(19,500,000－ 19,500,000)× 20%×2人 =0

（参考③）　各孫への贈与金額を増加した場合
　　　　（短期間（5年）の贈与・贈与者資産10億円）

　贈与者の遺産額が高額になると、通常の贈与による税負担軽減の効果も少なくなることから、下記の例では各子の他、各孫についても年間500万円の贈与をすることで贈与額を増加させた内容になっています。

子への贈与金額500万円／孫への贈与金額500万円のケース

（前提）

1　贈与者……甲
2　受贈者……子AB、孫CDEF
3　贈与期間……5年
4　贈与総額……1億5,000万円
5　ケース
　(1)　贈与なし
　(2)　子について暦年課税……各人年間500万円ずつ贈与
　　　　孫について暦年課税……各人毎年500万円ずつ贈与
　(3)　子について相続時精算課税……各人毎年500万円ずつ贈与
　　　　孫について暦年課税……各人毎年500万円ずつ贈与

各ケースでの税負担額等

	①財産額	②贈与額	③7年以内・精算課税加算額	④課税価格（①－②＋③）	⑤相続税額＋贈与税額
(1)のケース	1,000,000,000	—	—	1,000,000,000	356,200,000
(2)のケース※子暦年課税	1,000,000,000	150,000,000（注1）	48,000,000（注2）	898,000,000	307,750,000－贈与税額控除4,850,000（97万円×5年）＋支払済贈与税14,550,000（注4）＝317,450,000
(3)のケース※子精算課税	1,000,000,000	150,000,000（注1）	39,000,000（注3）	889,000,000	303,475,000－贈与税額控除0＋支払済贈与税9,700,000（48.5万円×孫4人×5年）＋0（注5）＝313,175,000

○各人への贈与額及び贈与税額（暦年課税）

	子A	子B	孫CDEF （4人分）	合計	贈与税額
1年目	5,000,000	5,000,000	20,000,000	30,000,000	2,910,000
2年目	5,000,000	5,000,000	20,000,000	30,000,000	2,910,000
3年目	5,000,000	5,000,000	20,000,000	30,000,000	2,910,000
4年目	5,000,000	5,000,000	20,000,000	30,000,000	2,910,000
5年目	5,000,000	5,000,000	20,000,000	30,000,000	2,910,000
合計	25,000,000	25,000,000	100,000,000	150,000,000 （注1）	14,550,000 （注4）

○相続開始前7年以内贈与加算額（暦年課税）

	子A	子B	合計
1～5年贈与	25,000,000	25,000,000	50,000,000
緩和措置（4～7年）	▲1,000,000	▲1,000,000	▲2,000,000
差引（加算額）	24,000,000	24,000,000	48,000,000 （注2）

○相続開始前贈与加算額及び贈与税額（相続時精算課税）

	子A	子B	合計	贈与税額
1～5年贈与	19,500,000 ※(500万円−110万円) ×5年	19,500,000 ※(500万円−110万円) ×5年	39,000,000 （注3）	(19,500,000− 19,500,000)× 20%×2人 =0 （注5）

第5章

相続時精算課税の活用法

Q5-1 暦年課税贈与か相続時精算課税贈与かの選択

　親からの贈与については、暦年課税か相続時精算課税を選択できますが、実際、どちらの制度を選んだ方がよいのでしょうか。何か目安になるようなものはあるのでしょうか。

A　暦年課税と相続時精算課税のどちらの制度がよいのかは、一概には判断がつかないのが現状だと思います。いくつかの前提を置いた上でシミュレーションする必要が出てくると思います（具体的なシミュレーションの例は第4章参照）。

　また、それでも判断がつかないような場合は、暦年課税からスタートするのが良いように思います（相続時精算課税は一度選択すると暦年課税には戻れないため）。そしてできるだけ早いスタートが効果を発揮するものと思います。

　なお、相続時精算課税を適用できるのは基本的に、贈与者が60歳以上の親、祖父母（住宅取得等資金に関するものは年齢制限なし）で、受贈者が18歳以上の子、孫です（相法21の9①、措法70の2の6①）。

解説

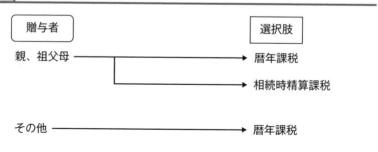

　ここで、暦年課税の場合は基礎控除が110万円で、その金額を超える部分は累進の贈与税率で課税されます。

　それに対し、相続時精算課税の場合は特別控除が2,500万円で、それを超える部分は一律20％の贈与税率で課税されます。

　なお、暦年課税は相続開始前7年以内の贈与以外は、相続財産に加算されないのに対し、相続時精算課税を適用する場合は、相続時に贈与財産が贈与時の時価（相続税評価額）（令和6年以降の贈与については基礎控除を控除した残額）で加算されます。

　これらのことを考え合わせると、あくまでの目安ですが次のことが言えると思います。

① 　**相続税がかからない若しくはかかっても少額の場合は、相続時精算課税が有効**

> 暦年課税で何年もかけて財産を移転するのに比較し、早期に多くの財産移転が可能で、仮に贈与税を支払った場合、相続時に還付される可能性が大きい。

② 　**相続発生まで長期間贈与が可能な場合は、暦年課税が有効（早期に始める）**

> 長期間かけて多くの財産の贈与移転が可能で、相続時に相続財産の加算も基本的にない（相続開始7年以内の贈与は加算）。
>
> ※例えば、相続開始時期（仮定）の20年前から始め15年間贈与した場合、相続開始前の贈与として加算されるには2年間分のみ

③ 相続発生の7年前（仮定）までは暦年課税贈与を行い、その後の7年間は相続時精算課税贈与を行うことが有効

> 相続開始前7年以内の暦年贈与は加算対象となるが、相続時精算課税贈与の場合は、毎年基礎控除（110万円）までは加算対象とならない。

④ 贈与を受ける人がまとまった資金を必要としている場合は、相続時精算課税が有効

> 贈与を受ける人が多額の住宅ローンを抱えている場合等、贈与資金で一括返済できる場合の金利負担の減少効果は大きい。現金等については、贈与時の価額も相続時の価額も基本的に変わらないため、相続時精算課税の適用の有無による損得はない。

⑤ 財産規模が大きく多額の相続税がかかる場合は、初期から中期は暦年課税、後期は相続時精算課税が有効

> 暦年課税から始めることである程度の財産を移転できる。
> その後、相続時精算課税を適用し収益物件（賃貸マンション、アパート等）等を贈与することで、贈与を受けた人に収入が入り、被相続人の現金収入の蓄積（相続税の対象）も防げる。また、後期に相続時精算課税を使った贈与を行うことにより贈与物件の相続税評価額の値下がりリスクも小さい。

Q5-2 相続時精算課税の有利、不利

相続時精算課税を選択したときの、有利な場合と不利な場合の内容について教えてください。

A 相続税・贈与税の負担の点では、相続時精算課税を選択した場合、相続開始時に財産の価額が上昇しているか、下落しているかにより有利、不利が発生します。

解説

相続時精算課税においては、贈与時の時価（相続税評価額）で相続財産に加算され相続税が計算されます。そのため、相続時精算課税を適用し贈与した財産が、相続時までにその価額が上昇していれば相続時精算課税を適用したことが有利に働きます。一方、相続時に下落していれば不利に働きます。

〔例〕　　　　　　　相続税評価額5,000万円の土地贈与

《令和6年》　父 ────────────────▶ 子

（相続発生時）

※相続税率を30％と仮定。

○土地評価額が7,000万円に上昇したケース

⟹ 相続税の差＝（5,000万円－7,000万円）×30％＝△600万円

※生前贈与しない場合に比較し600万円の相続税減少

○土地評価額が3,000万円に下落したケース

⟹ 相続税の差＝（5,000万円－3,000万円）×30％＝600万円

※生前贈与しない場合に比較し600万円の相続税増加

(参考)

　将来の相続税の上昇リスクを回避し、その金額を固定化するといった観点から相続時精算課税を選択するといったことも考えられます。例えば、極端な話ですが、すべての財産を相続時精算課税を適用し、贈与してしまえば将来の相続税は、その段階で確定することになります[注]。

　（注）　贈与後に増加した財産や将来の税制改正による影響を除きます。

Q5-3 相続時精算課税の利用①（不動産）

相続時精算課税を不動産の贈与について適用する場合のポイントについて教えてください。

A 不動産においては、収益物件、上昇基調にある物件に適用すれば、有利に働くことが多いようです。

解説

不動産のうち特に建物については、時間の経過とともに贈与税・相続税課税の基礎となる固定資産税評価額が減少しますので、基本的には、相続時精算課税の適用は不利に働きます。

しかし、収益物件（建物）であれば、一定の収入を得ることができますので、上記の不利を解消し有利に働くことも十分に考えられます。

ここで、従来からの暦年課税では、収益性の高いアパート等を子に贈与しようとしても高額な贈与税の負担のため実際にはできないことも多くありました。相続時精算課税では、基礎控除の他に特別控除が2,500万円あり、贈与税率も20％と一定税率のため、これらのことが容易になり、その結果、この制度を適用するケースは多く見られます。

また、収益物件からの収入はその後、子に移転し、それは相続税の対象にはなりません。

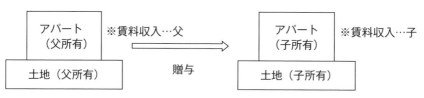

（注1） 収益物件からの収入は、贈与後、子に移転し、それは相続税の対象にはなりません。

（注2） 相続時精算課税適用物件には、小規模宅地等の特例は適用できませんので注意してください。

(参考)

(1) 土地を贈与する場合の費用負担（贈与税、登録免許税、不動産取得税等）が大きい場合は、建物のみ（若しくは、土地は持分）の贈与とすることも考えられます。

(2) 建物については、固定資産税評価額が低い割に収益率の高いものが有利と考えられます。

Q5-4 相続時精算課税の利用②（非上場株式）

相続時精算課税を非上場株式の贈与について適用する場合の
ポイントについて教えてください。

 株価が上昇基調にある場合や、株式公開を考えているような
場合に適用すると、有利に働くことが多いようです。

解説

1 一般的なケース

相続時精算課税を利用して株式を贈与した場合、相続時に相続財産に
加算される価額は、贈与時の価額です。

例えば、現在、5,000万円の自社株を贈与したとします。仮に相続開
始時に1億円に上昇していても5,000万円のままです。現在の株価で相
続税が計算されますから当然、相続税も低くなります。相続税率が仮に
30％であれば税額で1,500万円の相違が生じます。

毎期利益が蓄積され株価が上昇基調にある会社にとって、相続時精算
課税は有効に働く可能性が高くなります。

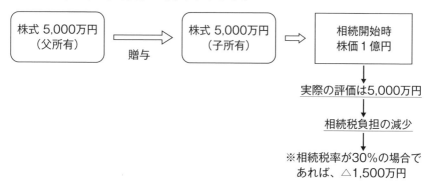

(参考)

　贈与が行われた時点での株価を基に相続財産に合算されますので、何らかの事情で株価が低下している時期^(注)を確認しながら贈与することが有利となります。

　(注)　経常的な利益の減少、特別な損失の発生等

2　株式公開を予定しているケース

　将来的に株式公開を予定しているようなケースでは、公開前の株価に比較し、公開後は、数倍又は十倍を超えるようなこともあります。暦年課税での贈与では、多くの株式を贈与することは困難を伴いますが、相続時精算課税の場合は、特別控除後は一定税率ですので、まとまった株式の贈与が可能となります。実際に株式公開前に贈与したようなケースでは、大きな効果を得られたケースも多く見受けられます。

Q5-5 相続時精算課税の利用③（生前の財産分割）

将来の相続の際に、子どもたちが争わないようにしたいです。遺言が一つの方法としてありますが、その他に考えられることはないでしょうか。

 相続時精算課税を利用して、生前に財産を贈与する方法も考えられます。

解説

　実際に相続が発生すると遺産分割に紛糾するケースは数多く見受けられます。そのため、本人が元気なうちに、例えば、一部の子に財産を贈与し、その代わりとして遺留分の放棄を依頼し、残った子に財産を遺言で相続させるようなことが考えられます。相続時精算課税は、贈与時の税負担が少ないため、暦年課税に比較し格段に行いやすくなっています。

　何ももらわずに遺留分の放棄を行う相続人は、まずいないと思いますが、いつになるか分からない相続時に財産を取得する場合に比較し、金銭的な余裕がない年代で財産の贈与を受けたいと考える人が多いと思われます。

　また、会社の後継者が決まっていても、その後継者に自社株や会社の事業継続に必要な財産（例えば、社長が所有する本社屋の敷地等）を確実に引き継げるかどうかは、いざ、相続が発生してみないと確実なところは分かりません。このような場合でも、生前贈与と遺留分の放棄、遺言を組み合わせることで対応がしやすくなります。

〔例〕

子A……｜遺言で必要財産を相続させる｜

子B……｜相続時精算課税を適用し贈与｜＋｜遺留分放棄｜

子C……｜相続時精算課税を適用し贈与｜＋｜遺留分放棄｜

〔**遺留分とは**〕

　遺留分とは、次の表にあるように一定の相続人のために相続に際して法律上取得することが保証されている遺産の一定割合のことをいいます。

遺留分の権利者	相続人	遺留分の総額
兄弟姉妹以外の相続人	配偶者と直系卑属 配偶者と直系尊属 配偶者と兄弟姉妹 直系卑属のみ 配偶者のみ	被相続人の財産の$\frac{1}{2}$
	直系尊属のみ	被相続人の財産の$\frac{1}{3}$

(注)　遺留分の権利のある者が複数のときは、遺留分の総額を法定相続分で配分します。

　　※例　相続人が子3人の場合の各人の遺留分……$\left(被相続人の財産 \times \frac{1}{2}\right) \times \frac{1}{3}$

〔**将来の納税資金の確保**〕

　相続時精算課税を利用して生前贈与を受けた場合、相続時には贈与財産も含めて相続税が精算されます。負担する相続税のために、例えば、事前に契約者子、被保険者親、受取人子とした生命保険に加入し相続税相当分を保険でカバーできるようにする、遺言で相続税相当分は生前に贈与を受けた者に遺贈するといった工夫をされるのも良いかと思います。

Q5-6 不動産を多く所有している親からの財産移転

　父から子へ賃貸アパート（土地と建物）の名義を移転するに当たり、次の3つの方法を考えています。

① 相続時精算課税を利用した贈与

② この賃貸アパートは購入時に銀行から借入をしているためローン残額を引き継ぐことを条件とした移転（負担付贈与）

③ 資産管理法人を設立して子が株主となり、同法人でその賃貸アパートを購入

　これらの移転方法の特徴について教えてください。

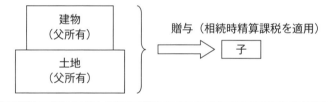

A 　以下、不動産を直接移転する方法及び会社を活用して間接的に移転する方法について解説します。

1 不動産の直接贈与（相続時精算課税の適用）

　相続時精算課税では、基礎控除（110万円）と特別控除（2,500万円）があり、贈与税率20%と一定税率のため、高額な物件の移転方法として相続時精算課税を適用するケースは多く見られます。

　移転後は、収益物件からの収入は子に移転し、それは相続税の対象にはなりません。

　土地を贈与する場合の費用負担（贈与税、登録免許税、不動産取得税等）が大きい場合は、建物のみ（若しくは、土地は持分）の贈与とすることも考えられます。また、建物については、固定資産税評価額が低い割に収益率の高いものが有利と考えられます。

（参考）

　建物のみの贈与の場合、土地については使用貸借とします。土地所有者との間で地代を収受すると借地権の問題が発生します（建物所有者に借地権の贈与があったとして贈与税課税）。

2　不動産の直接贈与（負担付贈与）

　負担付贈与とは不動産と借入金を一括贈与することですが、贈与する資産の時価と借入金が見合っている場合と差異がある場合があります。〔例2〕にもあるように、引き継ぐ借入金額が資産の時価より低い場合は、差額が贈与税の対象となります。この場合、相続時精算課税を適用することも可能です。

〔例1〕

```
┌──────────┐   ┌──────────┐
│ アパート  │ + │ 借 入 金  │  ┐ 一括贈与
│ 5,000万円 │   │ 5,000万円 │  ┘
└──────────┘   └──────────┘
```

〔例2〕

```
┌──────────┐   ┌──────────┐
│ アパート  │ + │ 借 入 金  │  ┐ 一括贈与
│ 5,000万円 │   │ 4,000万円 │  ┘ ※差額の1,000万円は暦年贈与又は
└──────────┘   └──────────┘      精算課税贈与
```

　また、下記のように、複数の資産と借入金を併せて贈与することも可能です。

〔例３〕

〔注意点〕

　負担付贈与については、平成元年３月29日付直評５他「負担付贈与又は対価を伴う取引により取得した土地等及び家屋等に係る評価並びに相続税法第７条及び第９条の規定の適用について」が公表されています。具体的には、「土地及び土地の上に存する権利並びに家屋及びその附属設備又は構築物のうち、負担付贈与又は個人間の対価を伴う取引により取得したものの価額は、当該取得時における通常の取引価額に相当する金額によって評価する」と規定されています。つまり、相続税評価額ではなく時価で評価するということです。

３　不動産管理（保有）会社を活用した間接的移転

　不動産管理会社（保有）会社を設立し、不動産管理（保有）会社に不動産や収益を移転する方法もあります。その際のポイントは以下のとおりです。

⑴　不動産管理（保有）会社の株主は将来相続人となる子を基本とします。

⑵　不動産所有者から不動産管理（保有）会社への不動産移転を行います（移転に伴う税金等の諸経費要検討）。

⑶　移転後の不動産管理（保有）会社での収益が蓄積されます。

(4)　会社が独自に不動産を建築・購入し賃貸するようなケースもあります。例えば、不動産所有者の土地上に建物を建築し賃貸する、賃貸用ビルを購入しそのビルを賃貸する等が考えられます。これらの賃料収入は会社に入ることになります。

(5)　不動産管理（保有）会社の株主を当初は不動産所有者とし^(注)、その後、会社の資産内容や株価の状況を見ながら子に株式を贈与するケースもあります。一般的に、会社が不動産を購入後3年を経過するとそれらの不動産を相続税評価額で算定できることから株価が低くなることが多くあります。

　　なお、株式を贈与する際に相続時精算課税を適用することが可能です。

(注)　会社設立のために不動産所有者が所有不動産を現物出資したり、不動産所有者の出資金を基に会社が不動産を購入するような場合です。

(参考)

①　会社設立のための出資金を子に贈与することも可能ですが、その事実関係を明らかにしておくことが望まれます（増資資金の贈与についても同様）。

②　不動産所有者から会社が建物のみを購入する場合や、不動産所有者の土地を賃借しその土地上に建物を建築する場合は、借地権課税の問題が発生しないように「土地の無償返還の届出書」を所轄の税務署に提出するか「相当の地代」（土地の更地価額の6％の地代）を支払うかで対応します。

　※土地の無償返還の届出を提出した場合でも、基本的には地代は相当地代ですが、一般的には固定資産税の2倍から3倍程度が多いと思われます。

③　上記②で「土地の無償返還の届出書」が提出され賃貸借されている土地や「相当の地代」で賃貸借されている土地について、仮に土地所有者に相続が発生した場合は、底地の評価は更地価額の80％の評価となります。

　また、建物所有者である会社の株式を被相続人が所有している場合の株価評価（純資産価額方式で評価する場合）では、会社の借地権を20％として計上します。

※被相続人が株式を所有していなければ株価の計算は必要ありません。

④　個人の不動産所得の計算で土地に関する借入金の利子が必要経費とならないケース（不動産所得が損失の場合）がありますが、会社の場合は損金算入できます。

⑤　個人の場合は、高齢化により意思能力が低下してくると、様々な取引に支障をきたしますが、会社であれば代表者の変更で対応（意思決定）することが可能です。

Q5-7 金融資産を多く所有している親からの財産移転

　父から子へ上場株式や投資信託等、種々の金融資産の名義を移転するに当たり、次の2つの方法を考えています。
① 相続時精算課税を利用した贈与
② 資産管理法人を作って子が株主となり、そこでこの父の金融資産を購入すること
これらの移転方法の特徴を教えてください。

A 　以下、金融資産を直接移転する方法及び会社を活用して間接的に移転する方法について解説します。

1　金融資産の直接移転

　移転の方法としては、暦年課税及び相続時精算課税による贈与が考えられます。いずれにしても、時価が下がっているものを贈与すると効果は大きくなります。

　移転後は、金融資産からの収入は子に移転し、それは相続税の対象にはなりません。

　なお、相続時精算課税では、基礎控除（110万円）と特別控除（2,500万円）があり、贈与税率20%と一定税率のため、高額な資産の移転方法として適用するケースは多くみられます。

２　資産管理（保有）会社を活用した間接的移転

　資産管理（保有）会社を設立して金融資産を資産管理（保有）会社に移転する方法のポイントは以下のとおりです。

⑴　資産管理（保有）会社の株主は将来相続人となる子が基本となります。

⑵　金融資産を資産管理（保有）会社へ売却します。

⑶　売却後の資産管理（保有）会社での収益（利息・配当等）が蓄積されます。

⑷　資産管理（保有）会社の株主を当初は金融資産所有者とし(注)、その後、会社の資産内容や株価の状況を見ながら子に株式を贈与するケースもあります。

　　（注）　会社設立のために金融資産所有者が所有金融資産を現物出資したり、金融資産所有者の出資金を基に会社が金融資産を購入するような場合です。

（参考①）
①　金融資産を直接贈与された場合、金融資産から発生する所得は各所得区分に応じ課税されることとなります。
②　分離課税とされる株式や株式投資信託等については、それらの所得区分の中では所得内通算ができますが、他の所得との通算はできません。例えば、外貨投資を行ったときの為替差益（雑所得）は株式の譲渡損とは通算できません。国内外問わず各種のファンドへの投資も雑所得の区分になるものが多くあります。雑所得の損失についても他の所得と通算することはできません。
③　会社の所得は所得区分がないため、上記①及び②のようなことは生じないことになります。
④　個人の場合は、高齢化により意思能力が低下してくると、様々な取引に支障をきたしますが、会社であれば代表者の変更で対応（意思決定）することが可能です。

（参考②）

① 上場株式を直接贈与された場合、株式の配当による所得は配当所得となり国税地方税併せて20％の課税が行われます（復興特別税が別途あり）。なお、大口株主（発行株式の３％以上所有している者）に対する配当は総合課税の対象となります。

② 会社が受領する配当については受取配当の益金不算入の規定が適用されます。

③ 上場株式を非上場会社を通じて間接的に所有している場合、非上場会社の株価を純資産価額方式で計算する際に上場株式の値上りによる利益に対する法人税相当額を控除することができます。

〔注意点〕

上場会社の発行株式の３％以上（１銘柄当たり）を所有している資産管理会社（非上場会社）については、非上場株式の相続税の納税猶予の適用会社であっても上場会社の株式に対応する分の相続税・贈与税の納税猶予を受けることができません。

Q5-8 非上場株式を多く所有している親からの財産移転

父から子へX社株式（非上場株式）の名義を移転するに当たり、相続時精算課税を利用した贈与の他にどのような方法があるのでしょうか。

 非上場株式の移転の方法には、贈与、譲渡の他それらを組み合わせる方法も考えられます。

解説

1 X社株式（非上場株式）の直接移転（贈与）

移転の方法としては、暦年課税及び相続時精算課税による贈与が考えられます。いずれにしても、時価が下がっている時期に贈与すると効果は大きくなります。

移転後は、株式の配当収入は子に移転し、それは相続税の対象にはなりません。

なお、相続時精算課税では、基礎控除（110万円）と特別控除（2,500万円）があり、贈与税率も20％と一定税率のため、高額な資産の移転方法として本制度を適用するケースは多くみられます。

2 X社株式（非上場株式）の直接移転（譲渡と贈与の比較）

以下、譲渡の場合と贈与の場合との税負担について比較します。譲渡

の場合は、買受人が購入資金を準備しなければならないため、一概に税負担のみでは判断できないと思われますが、下記の例では(3)が有利となります。なお、贈与税は暦年課税で計算しています。

〔例〕社長（父）から次期後継者（子）へ移転（譲渡・贈与）

(1) 株式を相続税評価額（1,000万円）で譲渡

   譲渡所得税＝1,000万円×20％＝200万円

   ※取得費及び復興特別所得税は考慮していません。

(2) 上記株式を贈与

   贈与税＝(1,000万円－110万円)×30％－90万円＝177万円

(3) 上記株式を500万円で譲渡

   譲渡所得税＝500万円×20％＝100万円

   贈与税＝(500万円－110万円)×15％－10万円＝48.5万円

（参考）

① 非上場会社の株式を類似業種比準価額方式で評価する場合、国税庁から公表されている類似業種の株価は上場会社を標本としていることから、証券市場の影響を受けることになりますので、証券市場の動向に注意する必要があります。

② 非上場会社の株式を類似業種比準価額方式で評価する場合、配当をしていない会社が一般的なため利益が出ない期が続くと特定の評価会社（2要素以上ゼロの会社）となり純資産価額方式で計算する割合が75％（類似業種比準価額方式25％）となるケースがあります。

③ 推定相続人の間で争いがある場合、相続開始後の事業に大きな影響を及ぼすため遺言書の作成や株式の信託(注)等を検討する必要があると思われます。

   (注) 中小企業庁ホームページ（信託を活用した中小企業の事業承継円滑化に関する研究会における中間整理について）

Q5-9 非上場株式の納税猶予を適用した贈与と相続時精算課税の適用

甲は、Ｙ社（非上場会社）の代表取締役ですが、後継者である長男（乙）に非上場株式等の納税猶予を適用して株式を贈与する予定です。このような場合の贈与税の計算上、暦年課税ではなく相続時精算課税の適用はできるのでしょうか。

A 猶予される贈与税の計算は、暦年課税の計算、相続時精算課税の計算どちらも可能です（措法70の7②五ロ、70の7の5②八ロ）。

ただ、何らかの理由で納税猶予が打ち切られるリスクを考慮すると、一般的には、相続時精算課税を適用した方が税負担が少ないものと思われます。

なお、非上場株式の納税猶予を適用する場合、受贈者が子、孫以外でも相続時精算課税が適用可能です。詳しくは**Q3-31**を参照してください。

解説

以下、簡便な事例を基に解説します。

〔前提〕

・後継者（乙）への贈与財産……3億円の非上場株式

・贈与者（甲）の推定相続人は後継者乙のみ

・贈与者（甲）の相続開始時の財産はゼロ

〔納税猶予の打ち切りがあった場合の課税〕

① 暦年課税のケース

納税が必要な贈与税額＝（3億円－基礎控除110万円）×税率55％－

控除額640万円

$$= \underline{1\,億5,799.5万円}$$

※上記の他利子税の負担が生じます。

② 相続時精算課税のケース

納税が必要な贈与税額＝（ 3 億円－基礎控除額110万円－特別控除額

2,500万円）×税率20％

$$= \underline{5,478万円}$$

※上記の他利子税の負担が生じます。

〔**相続時の課税**〕

① 暦年課税のケース

相続財産がゼロのため、相続税はかかりません。

② 相続時精算課税のケース

相続税額＝（ 3 億円－基礎控除3,600万円）×税率45％－控除額2,700

万円

$$= 9,180万円$$

納付が必要な相続税額＝9,180万円－納付済みの贈与税額5,478万円

$$= \underline{3,702万円}$$

〔**納税額合計**〕

① 暦年課税のケース……………**1 億5,799.5万円**（＋利子税）

② 相続時精算課税のケース……5,478万円＋3,702万円＝**9,180万円**

（＋利子税）

Q 5-10 債務の返済と相続時精算課税等の特例活用

　甲は、現在、自宅を所有していますが、ローンの返済がかなり大変です。自宅の売却も検討していますが、仮に自宅を売却した場合、かなりの損失が発生すると思われます。甲の父（乙）は、かなりの不動産、金融資産を保有しているため、甲のローンの返済と将来の父の相続税対策も考えて何かいい方法はないでしょうか。

　　相続時精算課税を適用した乙から甲への現金贈与及び自宅売却損の他の所得との損益通算及び損失の繰越控除が考えられます。

解説

　相続時精算課税は、生前の贈与財産を相続財産に加算し、相続時点で改めて相続税を課税する制度です。その場合、生前の納付済みの贈与税については算出された相続税から控除されることになります。この制度は、60歳以上の親、祖父母から18歳以上の子、孫に対しての贈与に適用されるもので、贈与税額は、贈与財産の価額の合計額から基礎控除（110万円）及び非課税枠2,500万円（特別控除・複数年にわたり利用可）を控除した後の金額に一律20％の税率を乗じて算出されます。

　この制度を利用し、資金の贈与を受けローンの返済に充当することが可能となります。仮に自宅を売却する場合、その売却金額を超えるローン残額についてこの制度を適用することも考えられます。

　また、現在では土地、建物等の譲渡損は原則的に損益通算等ができま

せんが、居住用のものは可能です。ここで、自宅の売却時に買換えする場合としない場合とで、他の所得と通算や繰越控除できる売却損の額の計算は異なりますが、いずれにしても、所得税の負担を大幅に軽減することができます。

　下図を見てください。

〔譲渡損があり、かつ、買換えを行う場合〕

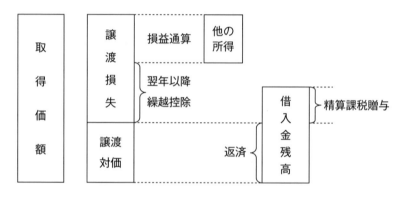

〔譲渡損があり、買換えをしない場合〕

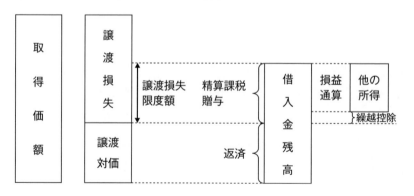

①　自宅の売却に伴う譲渡損失は他の所得（例えば給与所得）と損益通算することができます。それにより給与所得に課されていた所得税等が減額（還付）されることとなります。

② 損益通算しきれない金額は、翌年3年間繰越しが可能（翌年以降3年間損益通算可能）です。

③ 自宅の譲渡対価で返済しきれない借入金残高については、相続時精算課税を適用した贈与を受けることができます。

Q5-11 相続時精算課税を適用して自宅の持ち分を贈与

> 甲は、自宅の建物及びその敷地を所有していますが、高齢になってきたことから子供と同居することにしました。その際、子供に自宅建物とその敷地の持分2分の1を贈与しようと考えています。
>
> また、甲は自分が施設に入るような場合はこの自宅を処分しても良いと思っています。
>
> 贈与する場合に、暦年課税だと相当な税額となってしまうため、相続時精算課税を適用しようと思っていますが問題ないでしょうか。

A 　基本的に相続時精算課税の適用は可能と考えられます。また、自宅の売却の際は要件を満たせば居住用の3,000万円控除の特例を適用できます（措法35①）。

解説

本問のケースでは、親から子への贈与であり、各人の年齢要件（贈与者（親）は60歳以上、受贈者（子）は18歳以上）を満たし、一定の手続きをすれば相続時精算課税を適用した贈与を受けることが可能と考えられます。

また、贈与後共有となった自宅を将来売却するような場合、一定の要件の下、譲渡所得の計算上、居住用財産の3,000万円控除の適用が受けられます[注]ので、税負担が減少することになります。

（注）　自宅が共有の場合、各々3,000万円控除が適用になります。

〔3,000万円控除の主な要件〕

　自分が居住していた家屋を売却するか、家屋とともにその敷地や借地権を売却すること。

　なお、以前に住んでいた家屋や敷地等の場合には、住まなくなった日から３年を経過する日の属する年の12月31日までに売却すること。

（注）　居住していた家屋又は居住しなくなった家屋を取り壊した場合は、次の２つの要件すべてに当てはまることが必要です。

　　イ　その敷地の譲渡契約が、家屋を取り壊した日から１年以内に締結され、かつ、居住しなくなった日から３年を経過する日の属する年の12月31日までに売却すること。

　　ロ　家屋を取り壊してから譲渡契約を締結した日まで、その敷地を貸駐車場などその他の用に供していないこと。

Q5-12 相続時精算課税により贈与を受けた株式を相続発生後に発行法人に譲渡した場合

　甲は父から相続時精算課税を適用してＡ社株式（非上場株式・Ａ社の代表取締役は父）の贈与を受けています。

　甲は、今後父に相続が発生した場合、現預金が少ないことから相続税の納税のためにこの贈与を受けた株式をＡ社に譲渡することを考えています。また、将来の父の相続の際の遺産分割については、贈与を受けた株式の時価が高いことから何も相続はしない予定です。

　相続した株式を発行会社に譲渡した場合は、みなし配当（総合課税）とはならずに譲渡所得として20％の課税で済む特例がありますが、甲の場合もその特例が適用できるでしょうか。

A　甲が父の相続財産を取得しなかった場合でも、特例を適用できます（平成27年１月１日以後の相続の場合）。なお、甲が父の相続財産を取得した場合は、父の相続開始の時期にかかわらず特例の適用が可能です。

解説

　所得税法では、株式の発行法人の自己の株式の取得により株主が交付を受けた金銭の額が、その発行法人の資本金等の額（交付の基因となっ

た株式に対応する部分）を超える部分の金額について、配当とみなして課税（みなし配当課税）することとしています（所法25①四）。

　このみなし配当課税の特例として、相続又は遺贈による財産の取得（相続税法規定により相続又は遺贈による財産の取得とみなされるものを含みます^(注)。）をした個人で、その相続又は遺贈につき相続税のあるものが、その相続の開始のあった日の翌日以後３年を経過する日までの間にその相続税に係る課税価格の基礎に算入された非上場株式を発行会社に譲渡した場合は、このみなし配当課税を行わないこととされています（措法９の７①、措令５の２）。

　また、この特例を受ける金額については、配当ではなく株式の譲渡収入金額とみなして譲渡所得課税（20％の分離課税、復興特別所得税は考慮外）を行うこととしています（措法９の７②）。

　（注）　相続税法第21条の16では、被相続人から相続又は遺贈により財産を取得しなかった者が相続時精算課税を適用して贈与を受けた財産については、相続又は遺贈により取得したものとみなすと規定しています。

第6章

各特例と相続時精算課税及び相続開始前7年加算の関係他

Q6-1 住宅取得等資金の贈与の非課税特例と暦年課税・相続時精算課税の併用

住宅取得等資金の非課税特例の概要と、非課税金額を超えた場合の贈与税の課税について教えてください。

 住宅取得等資金の非課税金額を超えた部分について、暦年課税又は相続時精算課税を適用することができます[(注)]。

(注)　相続時精算課税については、一定の要件を満たす必要があります。

解説

1　住宅取得等資金の贈与の概要

父母や祖父母などの直系尊属[(注)]から住宅取得等資金の贈与を受けた受贈者が、贈与を受けた年の翌年３月15日までにその住宅取得等資金を自己の居住の用に供する家屋の新築若しくは取得又はその増改築等の対価に充てて新築若しくは取得又は増改築等をし、その家屋を同日までに自己の居住の用に供したとき又は同日後遅滞なく自己の居住の用に供することが確実であると見込まれるときには、住宅取得等資金のうち次の金額について贈与税が非課税となります（措法70の２①）。

(注)　直系尊属には、受贈者の養親及び当該養親の直系尊属が含まれます。なお、受贈者の配偶者の直系尊属は含まれません（措通70の2-1）。

〔非課税限度額〕

非課税限度額は、次のとおりとなります（措法70の2②六）。

住宅用家屋の種類 贈与の時期	省エネ住宅	左記以外の住宅
令和6年1月1日〜 令和8年12月31日まで	1,000万円	500万円

（注）　上記の「省エネ住宅」とは、省エネルギー対策等級（①断熱等性能等級5
以上かつ一次エネルギー消費量等級6以上、②耐震等級（構造躯体の倒壊等
防止）2以上若しくは免震建築物、又は③高齢者等配慮対策等級（専用部分）
3以上である住宅をいいます。
　　なお、上記を証するために、証明書等（住宅性能証明書、建設住宅性能評
価書の写し、住宅省エネルギー性能証明書等）を贈与税の申告書に添付する
必要があります。
　　証明書等の詳細については、国税庁ホームページを参照ください。

2　暦年課税及び相続時精算課税の適用

　本特例は、暦年課税の基礎控除（110万円）（相法21の5、措法70の2
の4）、相続時精算課税の基礎控除（110万円）及び特別控除（2,500万円）（相
法21の11の2、21の12、措法70の3の2）又は住宅取得等資金の贈与を受
けた場合の相続時精算課税の特例（措法70の3）と併せて適用できます。

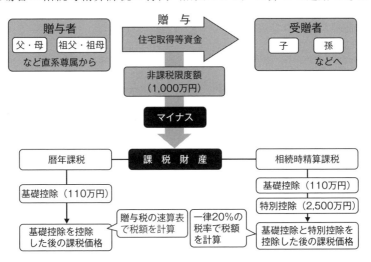

Q6-2 住宅取得等資金の贈与を複数の者から受けた場合の非課税金額

> 住宅を取得するために資金の贈与を父と母から受けました。贈与金額は、父からは800万円、母からは500万円です。どちらも1,000万円以下なので非課税となるのでしょうか。

 非課税となるのは、合計で1,000万円までです。

解説

　住宅取得等資金は父母や祖父母等、複数の者から贈与を受けることができますが、非課税となるのは規定された金額までです。

　父、母からの贈与金額のうち、非課税の特例を適用するのは任意に選択できます。

　例えば、父からの贈与について、全額（800万円）について非課税の特例を適用し、母からの贈与については、500万円の内200万円について非課税の特例を適用するといったことも可能です^(注)。

（注）　母からの贈与500万円の内、300万円は通常の現金贈与となります。
　　　　この300万円について、暦年課税を適用するのであれば110万円の基礎控除額を控除することが可能です。
　　　　また、相続時精算課税を適用するのであれば110万円の基礎控除額を控除し、更に特別控除額（限度額2,500万円）を控除することが可能です。

Q6-3 住宅取得等資金の贈与の特例と相続開始前7年以内の贈与加算の関係

甲は、令和6年6月に自宅を購入する際、父（乙）から1,500万円の資金贈与受けました。贈与税の確定申告では、住宅取得等資金の贈与の非課税特例を適用（非課税の1,000万円を超える金額については暦年課税を選択）する予定です。父は、最近体調を崩し現在入院中ですが、仮に令和7年に相続が発生した場合、この贈与を受けた1,500万円は税務上どのような扱いになるのでしょうか。贈与を受けても、一定期間内の贈与は相続財産に加算されると聞いていますが、やはり加算されるのでしょうか。

なお、購入する住宅は省エネ住宅です。

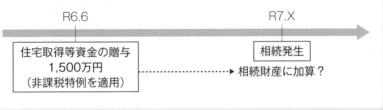

R6.6		R7.X
住宅取得等資金の贈与 1,500万円 （非課税特例を適用）	·········▶ 相続財産に加算？	相続発生

 A 　非課税金額までは生前贈与加算の対象にはなりません。

解説

　贈与を受けた住宅取得資金のうち、住宅取得等資金の非課税特例を適用できる部分については、相続開始前7年以内の贈与であっても相続財産に加算する必要はありません。そのため、非課税限度額である1,000万円については、加算はなく、1,000万円を超える残り500万円について

のみ加算されることとなります（措法70の２③）。

(注)　仮に相続開始の年に贈与を受けている場合は、住宅取得等資金について相続財産に加算する必要はありませんが、贈与税の申告期限内に申告をする必要があります（措法70の２③）。

なお、暦年課税ではなく相続時精算課税（相法21の９）を適用する場合も、非課税となる1,000万円は、加算がないのは同様です。

(参考)

　同年中に複数回の住宅取得等資金の贈与があった場合で、相続開始前７年以内に該当するものと、該当しないもの（７年を超えるもの）がある場合、非課税の特例は、相続開始前７年以内に該当するものから適用することになり（措通70の２－12）、納税者に有利な扱いになっています。

Q6-4 教育資金の贈与の非課税特例と暦年課税・相続時精算課税の併用

> 教育資金等の非課税の概要と、非課税金額を超えた場合の贈与税の課税にについて教えてください。

 教育資金の非課税金額を超えた部分について、暦年課税又は相続時精算課税を適用することができます[(注)]。

(注) 相続時精算課税については、一定の要件を満たす必要があります。教育資金の非課税制度の概要については、解説を参照願います。

解説

1 教育資金の贈与の概要

平成25年4月1日から令和8年3月31日までの間に個人（30歳未満の者に限ります。）が教育資金に充てるため、直系尊属から下記の贈与を受けた場合には、その信託受益権、金銭又は金銭等[(注1)]の価額のうち1,500万円[(注2)]までの金額に相当する部分の価額については贈与税が非課税となります（措法70の2の2①）。

(1) 直系尊属と信託会社との間の教育資金管理契約[(注3)]に基づく信託の受益権を取得した場合

(2) 直系尊属からの書面による贈与により取得した金銭を教育管理契約に基づき銀行等の営業所等において預金若しくは貯金として預入した場合

(3) 教育資金管理契約に基づき直系尊属からの書面による贈与により取得した金銭等で証券会社の営業所等において有価証券を購入した場合

(注1) 金銭又は公社債投資信託の受益証券のうち一定のもの（いわゆるM

RF、MMF）。

（注2）　学校等以外の者に支払われる金銭については、500万円が限度とされます。

（注3）　措置法第70条の2の2第2項第2号に規定されるものです。

2　暦年課税及び相続時精算課税の適用

　1,500万円の非課税金額を超える部分は、暦年課税若しくは相続時精算課税を適用することができます。

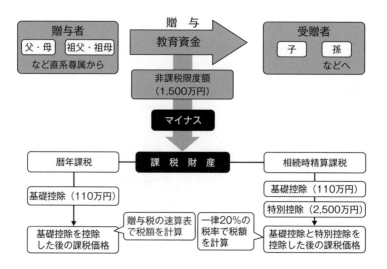

Q6-5 　教育資金の贈与を複数の者から受けた場合の非課税金額

教育資金の贈与を祖父と祖母から受けました。贈与金額は祖父から1,000万円、祖母から800万円です。どちらも1,500万円以下なので非課税となるのでしょうか。

 非課税となるのは、合計で1,500万円までです。

解説

　教育資金は父母や祖父母等、複数の者から贈与を受けることができますが、非課税となるのは合計で1,500万円までです。

　祖父、祖母からの贈与金額のうち、非課税の特例を適用するのは任意に選択できます。

　例えば、祖父からの贈与について、全額（1,000万円）について非課税の特例を適用し、祖母からの贈与については、800万円の内500万円について非課税の特例を適用するといったことも可能です[注]。

(注)　祖母からの贈与800万円の内、300万円は通常の現金贈与となります。
　　　この300万円について、暦年課税を適用するのであれば110万円の基礎控除額を控除することが可能です。
　　　また、相続時精算課税を適用するのであれば110万円の基礎控除額を控除し、更に特別控除額（限度額2,500万円）を控除することが可能です。

Q6-6　契約期間中に教育資金の贈与者が死亡した場合の課税関係

契約期間中に贈与者に相続が発生しましたが、まだ、贈与を受けた教育資金は使い切っておらず残額があります。このような場合の課税関係はどのようになるのでしょうか。

なお、受贈者は高校生（18歳）で、贈与者の遺産額は３億円です。

A　基本的には、残額（管理残額）について相続等により取得したものとして相続税の対象になりますが、一定の事由に該当する場合（解説の１（注１）参照）には、課税されません。なお、本問のケースでは、上記の一定の事由に該当し課税はされません。

解説

1　原　　則

契約期間中に贈与者が死亡した場合において、次の(1)又は(2)に掲げる場合に該当するときは、贈与者が死亡した旨の金融機関等の営業所等への届出が必要となり、一定の事由に該当する場合を除き^(注1)、管理残額^(注2)が相続等により取得したものとみなされ、相続税が課税されます（措法70の２の２⑫）。

(1)　令和３年４月１日以後にその贈与者から信託受益権、金銭又は金銭等の取得をし、この非課税の適用を受けた場合

(2)　平成31年４月１日から令和３年３月31日までの間にその贈与者から信託受益権、金銭又は金銭等の取得（その死亡前３年以内の取得に限ります。）をし、この非課税制度の適用を受けた場合

その結果、その贈与者から相続等により財産を取得した方（受贈者本

人や他の相続人など）それぞれの課税価格の合計額が、遺産に係る基礎控除を超える場合には、相続税の申告期限までに相続税の申告を行う必要があります。

　なお、受贈者が贈与者の子以外（孫など）の者である場合には、令和３年４月１日以後に贈与により取得した信託受益権、金銭又は金銭等に対応する部分は、相続税の２割加算の適用があります。

（注１）　受贈者が贈与者の死亡日において、①23歳未満である場合、②学校等に在学している場合又は③教育訓練給付金の支給対象となる教育訓練を受けている場合（②又は③に該当する場合は、その旨を明らかにする書類を上記の届出と併せて提出した場合に限ります。）は、相続等により取得したものとはみなされません。

（注２）　贈与者の死亡日における管理残額は、各金融機関の営業所等でご確認ください。

2　令和５年度税制改正関係

　改正前は、上述の原則のとおり、教育資金の一括贈与をした場合に贈与者の相続開始時に教育資金として使いきれてない金額（管理残額）があったとしても、受贈者が23歳未満等であれば、受贈者が相続等により取得したものとみなされません。

　ただし、改正後は受贈者が23歳未満等であっても相続税の課税価格の合計額が５億円を超えるときは使いきれなかった金額（管理残額）は受贈者が相続等により取得したものとみなすこととなりました（令和５年４月１日以後に取得する信託受益権、金銭又は金銭等に係る相続税について適用されます。）（改正法附則51②)）。

Q6-7　教育資金の贈与税非課税特例と相続開始前７年以内の加算について

教育資金の贈与税の非課税特例と相続開始前７年以内の加算の関係について教えてください。

 非課税の金額（1,500万円）までの金額であれば、７年以内の加算対象にはなりません。

なお、一定の場合は、相続等により取得したものとして７年に関係なく、相続税が課税される場合があります（解説参照）ので注意してください。

解説

1　７年以内加算との関係

上述したとおり非課税の金額（1,500万円）までの金額であれば、７年以内の加算対象にはなりません。

なお、非課税金額を超える贈与の場合、例えば、2,000万円の贈与を受け500万円（2,000万円－1,500万円）について、暦年課税の贈与を選択して申告し、それが相続開始前７年以内の贈与に該当するのであれば、その500万円は相続財産に加算されます（相法19①、措法70の２の２①）。

ここで、加算の対象者は、あくまで相続又は遺贈により財産を取得した者ですので注意が必要です（それ以外の者は加算の対象になりません。Q1-2参照。）。

（参考）

　非課税金額（1,500万円）を超える金額について相続時精算課税を適用している場合は、基礎控除（110万円）を控除した残額について、相続財産に加算されます（2,000万円の贈与であれば390万円が加算。）。

2　残高（管理残高）が加算されるケース（7年以内加算とは無関係に加算）

　契約期間中に贈与者が死亡した場合において、下記の一定の事由に該当する場合を除き管理残額が相続等により取得したものとみなされ、相続税が課税されます。

〔相続税が課されない一定事由について〕

　受贈者が贈与者の死亡日において、①23歳未満である場合、②学校等に在学している場合又は③教育訓練給付金の支給対象となる教育訓練を受けている場合（②又は③に該当する場合は、その旨を明らかにする書類を上記の届出と併せて提出した場合に限ります。）は、使い切っていない金額（管理残高）を相続等により取得したものとはみなされず、相続税がかかりません。

　ただし、上記の一定事由に該当する場合であっても、贈与者の相続税の課税価格の合計額が5億円を超えるときは、使いきれなかった金額（管理残高）は受贈者が相続等により取得したものとみなすこととされています（令和5年4月1日以後に取得する信託受益権、金銭又は金銭等に係る相続税について適用されます。）（改正法附則51②）。

Q6-8 教育資金の贈与を受けたが非課税特例を適用しない場合の課税関係

祖父は孫が大学に入学するに当たり入学金を出してあげよう
と思っています。その際、教育資金の非課税特例を適用しない
と課税されるのでしょうか。

 祖父母が孫に贈与した金銭がそのまま全額入学金として費消
されるのであれば、贈与税の課税はありません。

解説

　下記の参考法令、通達からも分かるように、祖父母は孫の扶養義務者
に該当し、その扶養義務者からの教育費で本問の内容からは通常必要と
認められるものと判断できますので、非課税と考えられます（相法21の
３①、相基通１の２－１）。

　なお、贈与を受けた金銭が預貯金となっている場合、株式や家屋の購
入費用に充てられた場合等のように、教育資金に充てられなかった部分
については、贈与税の課税対象となります。

（注）　教育資金の非課税制度は、教育資金が贈与後すぐに費消されない
　　　ケースも想定して創設されたものと考えられます（本事例は贈与後す
　　　ぐに費消されることを前提としています。）。

相続税法
（贈与税の非課税財産）
第21条の３　次に掲げる財産の価額は、贈与税の課税価格に算入しない。
　一　法人からの贈与により取得した財産
　二　扶養義務者相互間において生活費又は教育費に充てるためにした

　　贈与により取得した財産のうち通常必要と認められるもの

（以下省略）

相続税法基本通達

（「扶養義務者」の意義）

１の２−１　相続税法（昭和25年法律第73号。以下「法」という。）第１
　条の２第１号に規定する「扶養義務者」とは、配偶者並びに民法（明
　治29年法律第89号）第877条《扶養義務者》の規定による直系血族及び
　兄弟姉妹並びに家庭裁判所の審判を受けて扶養義務者となった三親等
　内の親族をいうのであるが、これらの者のほか三親等内の親族で生計
　を一にする者については、家庭裁判所の審判がない場合であってもこ
　れに該当するものとして取り扱うものとする。

　　なお、上記扶養義務者に該当するかどうかの判定は、相続税にあっ
　ては相続開始の時、贈与税にあっては贈与の時の状況によることに留
　意する。

Q6-9 結婚・子育て資金の贈与税非課税特例と暦年課税・相続時精算課税

結婚・子育て資金等の非課税特例の概要と、非課税金額を超えた場合の贈与税の課税について教えてください。

 結婚・子育て資金等の非課税金額を超えた部分について、暦年課税又は相続時精算課税を適用することができます(注)。

（注） 相続時精算課税については、一定の要件を満たす必要があります。

解説

1 結婚・子育て資金の贈与の概要

個人（18歳以上50歳未満の者に限ります。以下「受贈者」といいます。）の結婚・子育て資金(注1)の支払に充てるためにその直系尊属（以下「贈与者」といいます。）が金銭等を拠出し、金融機関(注2)に信託等をした場合には、信託受益権の価額又は拠出された金銭等の額のうち受贈者１人につき1,000万円(注3)までの金額に相当する部分の価額については、平成27年４月１日から令和７年３月31日までの間に拠出されるものに限り、贈与税を課さないこととされています（措法70の２の３①）。

（注1） 「結婚・子育て資金」とは、内閣総理大臣が定める一定の費用に充てるための金銭をいいます。

（注2） 信託会社（信託銀行を含む。）、銀行等及び金融商品取引業者（第一種金融商品取引業を行う者に限る。）をいいます。

（注3） 結婚に際して支出する費用については300万円を限度とされます。

2 暦年課税及び相続時精算課税の適用

1,000万円の非課税金額を超える部分は、暦年課税若しくは相続時精

算課税を適用することができます。

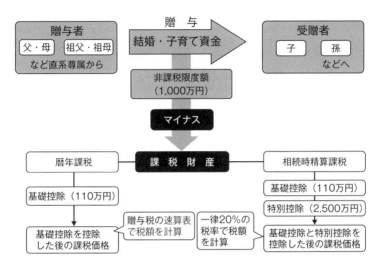

Q6-10 結婚・子育て資金の贈与を複数の者から受けた場合の非課税金額

祖父と祖母から結婚・子育て資金の贈与を受けました。

贈与金額は、祖父から800万円、祖母から300万円です。どちらも1,000万円以下なので非課税となるのでしょうか。

 A   非課税となるのは、合計で1,000万円までです。

解説

　結婚・子育て資金は父母や祖父母等、複数の者から贈与を受けることができますが、非課税となるのは合計で1,000万円までです。

　祖父、祖母からの贈与金額のうち、非課税の特例を適用するのは任意に選択できます。

　例えば、祖父からの贈与について、全額（800万円）について非課税の特例を適用し、祖母からの贈与については、300万円の内、200万円について非課税の特例を適用するといったことも可能です(注)。

（注）　祖母からの贈与300万円の内、100万円は通常の現金贈与となります。この場合、暦年課税を適用するのであれば110万円の基礎控除額を控除することが可能です。同様に、相続時精算課税を適用する場合でも110万円の基礎控除額を控除できます（結果的にどちらも贈与税額はゼロ）。

Q6-11 結婚・子育て資金の贈与契約期間中に贈与者が死亡した場合の課税関係

結婚・子育て資金の贈与契約期間中に贈与者に相続が発生しましたが、まだ、贈与を受けた結婚・子育て資金は使い切っておらず残額があります。このような場合の課税関係はどのようになるのでしょうか。

A 非課税拠出額から結婚・子育て資金支出額を控除した残額については、受贈者が贈与者から相続又は遺贈により取得したものとみなして、当該贈与者の死亡に係る相続税の課税価格に加算されます。

解説

　信託等があった日から結婚・子育て資金管理契約の終了の日までの間に贈与者が死亡した場合には、当該死亡の日における非課税拠出額から結婚・子育て資金支出額を控除した残額については、受贈者が贈与者から相続又は遺贈により取得したものとみなして、当該贈与者の死亡に係る相続税の課税価格に加算されます（措法70の2の3⑫）。

　例えば、1,000万円の贈与を受けたが贈与者が死亡時に200万円の残額があった場合は、200万円の相続又は遺贈があったものとみなされ相続税の対象となります。

　なお、贈与者の子以外（孫等）が贈与を受けている場合、当該残額に対応する相続税額については相続税額の2割加算の対象となります（令和3年4月1日以降の贈与による拠出分）^(注)。

（注）　令和3年3月31日以前の拠出分については、2割加算の対象となりません。

Q6-12 結婚・子育て資金の贈与税非課税特例と相続開始前7年以内の加算について

結婚・子育て資金の贈与税の非課税特例と相続開始前７年以内の加算について教えてください。

　　　非課税の金額（1,000万円）までの金額であれば、７年以内の加算対象にはなりません。

ただ、７年以内に関係なく、結婚・子育て資金の場合は、使用残額がある状態で贈与者に相続が発生すると、その使用残額は贈与者から受贈者が相続・遺贈により取得したものとみなされ相続税の課税対象となります。

解説

1　7年以内加算との関係

上述したとおり非課税の金額（1,000万円）までの金額であれば、７年以内の加算対象にはなりません。

なお、非課税金額を超える贈与の場合、例えば、1,500万円の贈与を受け500万円（1,500万円－1,000万円）について、暦年課税の贈与を選択して申告し、それが相続開始前７年以内の贈与に該当するのであれば、その500万円は相続財産に加算されます（相法19①、措法70の２の３①）。

ここで、加算されるのは、相続又は遺贈により財産を取得した者ですので注意が必要です（それ以外の者は加算の対象になりません。Q1-2参照。）。

（参考）

　非課税金額（1,000万円）を超える金額について相続時精算課税を適用している場合は、基礎控除（110万円）を控除した残額について、相続財産に加算されます（1,500万円の贈与であれば390万円が加算。）。

2　残高（管理残高）が加算されるケース（7年以内加算とは無関係に加算）

　結婚・子育て資金の場合は、使用残額がある状態で贈与者に相続が発生すると、その使用残額は贈与者から受贈者が相続・遺贈により取得したものとみなされ、相続税の課税対象となります（相続開始前7年以内かどうかは関係ありません。）。

Q6-13　結婚資金や子育て資金の贈与を受けたが非課税特例を適用しない場合の課税関係

> 母は次女の結婚式の費用を出してあげようと思っています。また長女が仕事を辞めてしまい、子育てに苦労しているようなので、資金的な援助をしてあげたいと思っています。その際、結婚・子育て資金の非課税特例を適用しないと課税されるのでしょうか。

A　親が子に贈与した金銭がそのまま結婚式の費用や子育ての費用として費消されているのであれば、贈与税の課税はないものと考えられます。

解説

親が子の結婚資金を負担するようなケースについては、下記の国税庁の質疑応答があり、その内容からは贈与税は課税されないものと考えられます。

> ○扶養義務者（父母や祖父母）から「生活費」又は「教育費」の贈与を受けた場合の贈与税に関するＱ＆Ａ（平成25年12月国税庁）から一部抜粋
>
> ［Q2-2］子の結婚式及び披露宴の費用を親が負担した場合、贈与税の課税対象となりますか。
>
> ［A］結婚式・披露宴の費用を誰（子（新郎・新婦）、その親（両家））が負担するかは、その結婚式・披露宴の内容、招待客との関係・人数や地域の慣習などによって様々であると考えられますが、それらの事情に応じて、本来費用を負担すべき者それぞれが、その費用を分担している場合には、そもそも贈与には当たらないことから、贈与税の課税対象となりません。

　また、子育てのための資金援助についても、**Q6-8**で解説したように、親は子の扶養義務者に該当し、その扶養義務者からの生活費の援助と考えられ、その範囲内のものであれば贈与税はかからないと考えられます。

　（注）　結婚・子育て資金の非課税制度は、結婚・子育て資金が贈与後すぐに費消されないケースも想定して創設されたものと考えられます（本事例は贈与後すぐに費消されることを前提としています。）。

　なお、贈与を受けた金銭が預貯金となっている場合、株式や家屋の購入費用に充てられた場合等のように、子育てのための費用や生活費に充てられなかった部分については、贈与税の課税対象となります。

≪著者略歴≫

渡邉　正則（わたなべ　まさのり）

昭和36年福島県いわき市生まれ。昭和58年学習院大学経済学部卒業、東京国税局税務相談室、同課税一部調査部門（地価税担当）等の主に資産課税に係る審理事務に従事した後、品川税務署資産課税部門上席国税調査官を最後に退職。平成９年税理士登録、中小企業診断士、CFP、青山学院大学大学院（会計研究科）客員教授（令和元年～５年）、全国事業再生税理士ネットワーク幹事。

主な著書

「不動産・非上場株式の税務上の時価の考え方と実務への応用」、

「相続税・贈与税実務家必携ハンドブック」、

「財産債務調書・国外財産調書・国外転出時課税の実務」、

「オーナー社長のための税金・事業承継対策」、

「中小企業のための税金対策」、

「あなたのための相続税対策」、

「遺言・遺産分割の形態と課税関係」（以上、大蔵財務協会）

主な共著・編集参加著書

「税制改正早わかり（平成16年～令和６年）」（大蔵財務協会）、

「相続実務全書」、「土地評価実務全書」、「株式評価実務全書」（以上、ぎょうせい）

「詳解資産税務事例」、「遺言がある相続の税務判断のポイント」（以上、第一法規）

「評価基本通達によらない財産評価」（新日本法規）

本書の内容に関するご質問は、税務研究会ホームページのお問い合わせフォーム（https://www.zeiken.co.jp/contact/request/）よりお願い致します。なお、個別のご相談は受け付けておりません。

本書刊行後に追加・修正事項がある場合は、随時、当社のホームページ（https://www.zeiken.co.jp/）にてお知らせ致します。

暦年課税・相続時精算課税制度を活用した生前贈与対策 Q&A

令和 6 年 7 月 8 日　初版第 1 刷印刷　　　　　（著者承認検印省略）
令和 6 年 7 月16日　初版第 1 刷発行

© 著　者　　渡　邉　正　則

発行所　　税 務 研 究 会 出 版 局

週刊 ［税務通信］
　　 ［経営財務］ 発行所

代表者 山　根　　毅

〒100-0005
東京都千代田区丸の内 1 - 8 - 2
鉄鋼ビルディング

https://www.zeiken.co.jp/

乱丁・落丁の場合は、お取替えします。　　　印刷・製本　奥村印刷（株）

ISBN978-4-7931-2819-6

資産税関係

《2024年5月1日現在》

変わる贈与税
令和6年1月以降の留意事項

与良 秀雄 著／A5判／180頁　　　　　定価 **2,310** 円

令和5年度改正及び令和6年度税制改正大綱に基づき、令和6年1月から変わる贈与税、特に相続時精算課税を中心として、改正のあらましや概要、課税・非課税財産、税額の計算、申告と納税、特例制度などを図表や計算例を用いてわかりやすく解説！相続対策を検討する方、税理士などに最適の一冊です。　**2024年2月刊行**

相続税の重要テーマ解説

武田 秀和 著／A5判／396頁　　　　　定価 **2,750** 円

相続税を扱う上でよく問題となる事柄を、筆者の国税等での経験を基に、税理士や会計事務所の方々の便を図るべく実務的に解説！民法、相続税法だけでなく「手持現金」「名義預金」「名義株」等の取扱いや判断に苦慮する事項や、2023年の税制改正において導入された「資産移転の時期の選択により中立的な税制」も加えています。　**2024年2月刊行**

〔六訂版〕完全ガイド
事業承継・相続対策の法律と税務

PwC税理士法人・PwC弁護士法人 共編／A5判／752頁　定価 **6,050** 円

事業承継・相続対策について、具体的な手続き、計算例を示すことにより、実務的な観点からわかりやすく解説。令和6年1月から施行される暦年課税、相続時精算課税の改正などを反映した最新版です。企業オーナー、あるいは企業オーナーを顧客とする税理士等の専門家に最適の一冊です。　**2023年12月刊行**

税理士が直面する
新たな不動産登記法・共有関係等の実務

遠藤 常二郎・大畑 智宏 共著／A5判／280頁　　定価 **3,080** 円

不動産登記制度の見直し、相続土地国庫帰属制度の創設、土地・建物等の利用に関する民法の規律の見直しの改正等のうち、税理士が特に必要と思われる部分等について解説。相続実務に携わる税理士はもちろん、地主と接する機会の多い地域金融機関の担当者にも有益な一冊です。　**2023年11月刊行**

税務研究会出版局 https://www.zeiken.co.jp/

※ 定価は10%の消費税込みの表示となっております。